人文中国

——中华优秀传统文化

韩邦军　顾守秀　张颖梅　主编

中国财富出版社有限公司

图书在版编目（CIP）数据

人文中国：中华优秀传统文化 / 韩邦军，顾守秀，张颖梅主编 . — 北京：中国财富出版社有限公司，2024.5

ISBN 978-7-5047-8159-8

Ⅰ . ①人…　Ⅱ . ①韩…②顾…③张…　Ⅲ . ①中华文化—通俗读物　Ⅳ . ① K203-49

中国国家版本馆 CIP 数据核字（2024）第 101616 号

策划编辑　邢有涛　李　伟　　**责任编辑**　田　超　汪晨曦　　**版权编辑**　李　洋
责任印制　梁　凡　　**责任校对**　庞冰心　　**责任发行**　黄旭亮

出版发行	中国财富出版社有限公司		
社　　址	北京市丰台区南四环西路188号5区20楼	**邮政编码**	100070
电　　话	010-52227588 转 2098（发行部） 010-52227566（24小时读者服务）		010-52227588 转 321（总编室） 010-52227588 转 305（质检部）
网　　址	http: //www.cfpress.com.cn	**排　　版**	宝蕾元
经　　销	新华书店	**印　　刷**	宝蕾元仁浩（天津）印刷有限公司
书　　号	ISBN 978-7-5047-8159-8 / K · 0244		
开　　本	710mm × 1000mm　1 /16	**版　　次**	2024年 6 月第 1 版
印　　张	11.5	**印　　次**	2024年 6 月第 1 次印刷
字　　数	188千字	**定　　价**	38.00元

编 委 会

前　言

中华文化是中华民族的精神家园，是中华民族凝聚力和创造力的不竭源泉。中华民族具有五千多年连续不断的文明历史，创造了博大精深的中华文化，为人类文明进步作出了不可磨灭的贡献。中华文化积淀着中华民族最深沉的精神追求，包含着中华民族最根本的精神基因，代表着中华民族的独特精神标识，是中华民族生生不息、发展壮大的丰厚滋养。党的二十大报告提出：“以社会主义核心价值观为引领，发展社会主义先进文化，弘扬革命文化，传承中华优秀传统文化，满足人民日益增长的精神文化需求，巩固全党全国各族人民团结奋斗的共同思想基础，不断提升国家文化软实力和中华文化影响力。”

本书以习近平新时代中国特色社会主义思想为指导，以立德树人为根本，围绕职业教育培养高素质技术技能人才的要求，秉承“德技并修、知行合一”的原则，根据党中央、国务院关于大中小学教材建设的部署，落实《职业院校教材管理办法》，组织了一批对中华传统文化有情怀、有研究的教师编写了本书，目的是开拓学生的视野，提升学生的人文素养，涵养家国情怀，建立文化自信，做中华优秀传统文化的继承者和弘扬者。

本书立足职业教育学生特点，坚持人文性和实践性的结合，突出职业教育类型特色，选取了中华传统文化中的精华，组织了节气文化、儒道文化、民俗文化、饮食文化、匠心文化、红色文化六个单元。每个单元分为文化导引、文本选读、知识链接、综合实践活动四个部分。古老的节气文化闪烁着先民的智慧，睿智的儒道文化凝聚着中华传统文化的精髓，丰富多彩的民俗文化演绎着不同的民族风情，各具特色的饮食文化彰显着不同的文化品位，精益求精的匠心文化诠释着匠人对品质的坚守，浸润着血与火的红色文化燃烧着革命的激情，六个单元从不同的角度展示了中华文化的博大精深。

每个单元的文化导引中简练地概括了该单元文化的内容和影响，引导学生走进中华文化的绚丽殿堂，了解文化形态，感悟文化内涵，树立文化自信。在文本选读部分，我们精选了文化特色鲜明的经典作品。节气文化单元中，《唐诗两首》《诗意栖居在二十四节气中》体现着“天人合一”的和谐与浪漫；《二十四节气农事歌》包含着古人顺应天时、辛勤劳作的智慧。儒道文化单元中，孔子对“仁”的解析，孟子对“乐”的论辩，展现着儒家以“仁”为核心的伦理思想和以民为本的民本思想；庄子的《逍遥游》崇尚着自由浪漫，诠释着“道法自然”。民俗文化单元中，《边城》为我们描绘了一幅具有浓郁民族特色与边地情调的民俗风情画；《故乡的榕树》借淳朴的民风，抒发了浓浓的思乡情；《诗词二首》选取了中华民族最有代表性的春节和中秋节，带我们品味古老的节日文化。饮食文化单元中，汪曾祺先生的《端午的鸭蛋》，让我们品出了生活的情趣、人生的意蕴；《小雅·鹿鸣》体现着古人宴歌琴瑟、互敬互融的道德风范；《过年：家乡圆梦的炮声（节选）》展示着中国饮食习俗的温馨、美好。匠心文化单元中，《庖丁解牛》让我们领略了顺应自然、物我合一的高超技艺；《喜看稻菽千重浪》展现了袁隆平扎根土地的忘我精神；《“金手天焊”高凤林》展现着高凤林勇攀高峰的无畏气概。红色文化单元中，有全心全意为人民服务的“党的好干部”焦裕禄，有血乳交融、可歌可泣的“沂蒙红嫂”，还有在觉醒年代，用生命诠释信仰力量的王尽美。学生通过对文本的学习，理解不同作家对文化的解读，提升语文核心素养和文化素养。在知识链接部分，系统介绍该单元主题文化的起源、发展和内涵，引导学生全面了解该主题文化，增强文化认同和文化自信。综合实践活动部分通过具体实践活动，知行合一，激发学生传承和弘扬中华优秀传统文化的热情。

在教材编写过程中，许多专家和同事都给予了我们很大的支持与帮助，在此我们表示最衷心的感谢！对于教材编写中的错漏之处，也诚恳希望大家批评指正。

编者

2023年10月

目　录

第一单元

把握自然的律动——走进二十四节气

节气是指二十四个时节和气候，是中国古代订立的一种用来指导农事的补充历法。节气能准确反映自然节律变化，蕴含着悠久的文化内涵和历史积淀，是中华民族劳动人民长期经验积累智慧的结晶，是中华民族悠久历史文化的重要组成部分，被国际气象学界誉为“中国的第五大发明”，并于2016年被正式列入联合国教科文组织人类非物质文化遗产代表作目录。

本单元的选读文本，有的以诗歌的形式抒发对时节变换和人世变迁的感慨，有的以民歌的形式指导农事，有的以演讲的形式、以通俗优美的语言解读每个节气的农事以及相关的诗词，每一个作品都充满了中华民族劳动人民独有的智慧和文化情怀。

学习本单元，要结合作品内容揣摩作品语言和意蕴，欣赏节气之美、诗词之美，感受中国古代劳动人民的情怀和智慧，自觉传承民族文化。

一　唐诗两首

阅读提示

清明，是二十四节气之一，万物吐故纳新，大地春和景明。这个节日，既可慎终追远，缅怀先人，也可踏青游春，所以又称祭祖节、踏青节等。在杜牧的《清明》中，原本是家人团聚、祭祖扫墓、踏青郊游的清明佳节，却细雨纷飞，表达了作者对于已故亲人的思念以及触景伤怀的凄凉之情。如何释怀？想借酒浇愁问牧童，第四句“牧童遥指杏花村”是整篇的精彩所在，此时无声胜有声，给人留下了广阔的想象空间。全诗色彩清淡，余韵邈然，耐人寻味，历来广为传诵。

处暑，意味着天气由炎热向凉爽过渡。正所谓凉风有信，秋月无边，最美的处暑，还是在诗词里……白居易的这首《早秋曲江感怀》描绘了早秋的曲江，处暑时节越是美丽多姿，就越是唤起诗人对秋光易逝、年华易老的悲愁之情，真是“岁岁年年花相似，年年岁岁人不同”呀。

清　明

［唐］杜牧

清明[①]时节雨纷纷[②]，路上行人欲断魂[③]。
借问[④]酒家何处有？牧童遥指杏花村[⑤]。

清明

注释

①清明：二十四节气之一，一般在公历4月4日至6日之间。旧俗当天有扫墓、踏青、插柳等活动。宫中以当天为秋千节，坤宁宫及各后宫都安置秋千，嫔妃做秋千之戏。

②纷纷：纷繁杂乱的样子，形容多。

③断魂：神情凄迷，烦闷不乐，形容情绪低落到了极点。这两句是说，清明时候，阴雨连绵，飘飘洒洒下个不停，如此天气，如此节日，路上行人情绪低落，惆怅哀伤。

④借问：请问。

⑤杏花村：杏花深处的村庄。今在安徽贵池秀山门外。受此诗影响，后人多用“杏花村”作酒店名。

作者介绍

杜牧（803－约852年），字牧之，号樊川居士，汉族，京兆万年（今陕西西安）人。杜牧是唐代杰出的诗人、散文家，是宰相杜佑之孙，杜从郁之子。他在唐文宗大和二年26岁时中进士，随后授予弘文馆校书郎的职位，后赴江西观察使幕，转淮南节度使幕，又入观察使幕，理人国史馆修撰，膳部、比部、司勋员外郎，黄州、池州、睦州刺史等职。因晚年居长安南樊川别墅，故后世称“杜樊川”，著有《樊川文集》。杜牧的诗歌以七言绝句著称，内容以咏史抒怀为主，其诗英发俊爽，多切经世之物，在晚唐成就颇高。杜牧人称“小杜”，以别于杜甫“大杜”，与李商隐并称“小李杜”。

早秋曲江感怀

［唐］白居易

离离暑云散，袅袅凉风起。池上秋又来，荷花半成子。
朱颜易销歇[①]，白日无穷已。人寿不如山，年光忽于水。
青芜[②]与红蓼[③]，岁岁秋相似。去岁此悲秋[④]，今秋复来此。

注释

①销歇：消失，衰败零落。
②青芜：杂草丛生的草地，形容杂草丛生貌。
③红蓼：蓼的一种。多生水边，花呈淡红色。
④悲秋：看到秋天草木凋零而感到伤悲。

作者介绍

白居易（772年—846年），字乐天，号香山居士，又号醉吟先生，祖籍太原，到其曾祖父时迁居下邽，生于河南新郑。白居易是唐代伟大的现实主义诗人，唐代三大诗人之一。白居易与元稹共同倡导新乐府运动，世称“元白”，与刘禹锡并称“刘白”。白居易的诗歌题材广泛，形式多样，语言平易通俗，有“诗魔”和“诗王”之称。他官至翰林学士、左赞善大夫。公元846年，白居易在洛阳逝世，葬于香山。有《白氏长庆集》传世，代表诗作有《长恨歌》《卖炭翁》《琵琶行》等。

拓展练习

1. 在古诗中品味传统文化，寻找清明美食。比较阅读丰子恺的《清明》，他写了清明节的哪些风俗？请结合你的家乡说出当地的清明习俗，试着写出来并在课堂上交流。

2. 描写处暑的还有一首词，请同学们结合所学，找出两者在意象、意境和表现手法上有何不同。

鹧鸪天·林断山明竹隐墙

［宋］苏轼

林断山明竹隐墙，乱蝉衰草小池塘。
翻空白鸟时时见，照水红蕖细细香。
村舍外，古城旁，杖藜徐步转斜阳。
殷勤昨夜三更雨，又得浮生一日凉。

二　二十四节气农事歌

阅读提示

二十四节气，是中国古代订立的一种用来指导农事的补充历法，是我国劳动人民长期经验的积累和智慧的结晶。二十四节气反映了寒暑变化与农时季节的规律和特点，它综合了天文学和气象学以及农作物生长特点等多方面知识，比较准确地反映了一年中的自然力特征，不仅对古今农业生产有重大的影响，而且对人们的日常生活、疾病防治乃至养生保健，也都有着积极意义和重要影响。《二十四节气农事歌》描绘了24个节气农事的景象和注意事项。每个节气都有其独特的农事活动，如春播备耕、精选良种、耕地耙耘、稻田中耕、玉米追肥等，都是农业生产中的重要环节。通过这些农事活动，我们可以保护好农田，提高产量，保障农民的收益。

二十四节气农事歌

立春春打六九头，春播备耕早动手，一年之计在于春，农业生产创高优。
雨水春雨贵如油，顶凌耙耘防墒流，多积肥料多打粮，精选良种夺丰收。
惊蛰天暖地气开，冬眠蛰虫苏醒来，冬麦镇压来保墒，耕地耙耘种春麦。
春分风多雨水少，土地解冻起春潮，稻田平整早翻晒，冬麦返青把水浇。
清明春始草青青，种瓜点豆好时辰，植树造林种甜菜，水稻育秧选好种。
谷雨雪断霜未断，杂粮播种莫迟延，家燕归来淌头水，苗圃枝接耕果园。
立夏麦苗节节高，平田整地栽稻苗，中耕除草把墒保，温棚防风要管好。
小满温和春意浓，防治蚜虫麦秆蝇，稻田追肥促分蘖，抓绒剪毛防冷风。
芒种雨少气温高，玉米间苗和定苗，糜谷荞麦抢墒种，稻田中耕勤除草。
夏至夏始冰雹猛，拔杂去劣选好种，消雹增雨干热风，玉米追肥防粘虫。

小暑进入三伏天，龙口夺食抢时间，玉米中耕又培土，防雨防火莫等闲。
大暑大热暴雨增，复种秋菜紧防洪，勤测预报稻瘟病，深水护秧防低温。
立秋秋始雨淋淋，及早防治玉米螟，深翻深耕土变金，苗圃芽接摘树心。
处暑伏尽秋色美，玉米甜菜要灌水，粮菜后期勤管理，冬麦整地备种肥。
白露夜寒白天热，播种冬麦好时节，灌稻晒田收葵花，早熟苹果忙采摘。
秋分秋雨天渐凉，稻黄果香秋收忙，碾谷脱粒交公粮，山区防霜听气象。
寒露草枯雁南飞，洋芋甜菜忙收回，管好萝卜和白菜，秸秆还田秋施肥。
霜降结冰又结霜，抓紧秋翻蓄好墒，防冻日消灌冬水，脱粒晒谷修粮仓。
立冬地冻白天消，羊只牲畜圈修牢，培田整地修渠道，农田建设掀高潮。
小雪地封初雪飘，幼树葡萄快埋好，利用冬闲积肥料，庄稼没肥瞎胡闹。
大雪腊雪兆丰年，多种经营创高产，及时耙耘保好墒，多积肥料找肥源。
冬至严寒数九天，羊只牲畜要防寒，积极参加夜技校，增产丰收靠科研。
小寒进入三九天，丰收致富庆元旦，冬季参加培训班，不断总结新经验。
大寒虽冷农户欢，富民政策夸不完，联产承包继续干，欢欢喜喜过个年。

拓展练习

1.集节气之语

二十四节气被誉为中国“第五大发明”，是劳动人民智慧的结晶，内容丰富，影响深远。除了《二十四节气农事歌》之外，还有许多“节气之语”，如“一月小寒接大寒，二月立春雨水连，惊蛰春风在三月，清明谷雨四月天。”二十四节气与自然变化、农业生产息息相关。每个节气都有广为传颂的民谣、民谚。如“立春一日，百草回芽”“立春雪水化一丈，打的麦子无处放”“清明前后，种瓜种豆”“清明断雪，谷雨断霜”“清明忙种麦，谷雨种大田”“三月种瓜结蛋蛋，四月种瓜长蔓蔓”“立夏勿下雨，犁耙倒挂起”“处暑动刀镰，立秋忙打靛”，这些民谣民谚里蕴藏着劳动人民观察自然与农业生产的关系后发现的自然规律，朗朗上口，易于成诵、识记与流传。同学们，你还知道哪些“节气之语”呢？请收集一下并在班级交流展示。

2.读《这就是二十四节气》一书，说一说你最喜欢哪一个节气。

三　诗意栖居在二十四节气中

杨　雨

阅读提示

2017年4月20日，中南大学文学院教授杨雨在长沙西湖文化园“二十四节气长沙雅集暨全民中华经典诵读活动”现场，以《诗意栖居在二十四节气中》为主题进行演讲，分享了她眼中的节气之美、诗词之美，以通俗优美的语言解读每个节气的农事以及相关的诗词，充满了中国人独有的智慧和文化情怀，在西湖文化园的春之美景中，将诗和远方带给了我们，让我们一起走进这诗情画意中，感悟二十四节气独有的魅力……

“不风不雨正晴和，翠竹亭亭好节柯。最爱晚凉佳客至，一壶新茗泡松萝。几枝新叶萧萧竹，数笔横皴淡淡山。正好清明连谷雨，一杯香茗坐其间。”——郑板桥

谷雨是春天的最后一个节气，春夏之交，春寒消退，春意融和，傍晚的时候如果不风不雨，天气凉爽，有雅客来访，泡一杯雨前新茶，散发着淡淡的清香，欣赏着一幅悠远的水墨画，“正好清明连谷雨，一杯香茗坐其间”，对文人雅士来说，谷雨就是这样一个浪漫、优雅的节气。

花中之王牡丹也是在谷雨前后盛开，民间还流传着“谷雨过三天，园里看牡丹”的谚语。三月暮春，大多数花儿的花期已过，百花凋残，唯独牡丹选择在暮春时节怒放，难怪唐代诗人刘禹锡发出了“有此倾城好颜色，天教晚发赛诸花”的赞叹（《思黯南墅赏牡丹》）。品一壶雨前新茶，画几株萧疏翠竹，赏一丛姚黄魏紫，听几声布谷鸟鸣，这是何等诗情画意的谷雨节气。

中国的二十四节气本就和农业活动关系最为密切，就比如说谷雨吧，谷

雨是春天的最后一个节气，根据古籍的记载，在谷雨这一天，水中的浮萍开始生长，斑鸠的鸣叫声好像在催促着春雨的滋润，戴胜鸟栖息在桑树上，意味着春蚕也要孵化生长了，这些自然现象其实标志着一年繁忙的农业生产的真正开始。

其实不止是谷雨，二十四节气或多或少都和农业社会的生活习性相关，例如谷雨的前一个节气“清明”不仅是一个祭祀的节日，还是一个“种百谷”的日子。古时帝王在清明这一天往往还要发布“劝农诏”，号召大家做好春耕准备，宋代诗人宋祁“催耕并及杏花时”的诗句就提到了清明节不仅有着杏花微雨的美景，更是催耕催种的当令时节。

中国是一个农业社会，同时也是一个充满诗情画意的文化群体，农业劳动的艰辛、收获的喜悦、对风调雨顺的期盼，与文人心目中的人与自然的和谐总是交织在一起，共同营造了兼具浪漫气质和实用目的的传统节气文化。仍以谷雨为例，有一首唐诗写得特别好：“召平瓜地接吾庐，谷雨干时手自锄。昨日春风欺不在，就床吹落读残书。”（《老圃堂》）这首诗的作者虽然还有争议，但这位诗人显然既亲身参与农业劳动，又保留着浓郁的读书人气质，因此他才会在谷雨前后趁着不下雨的时间亲自锄地种瓜，在地里忙完回到家一看，春风竟然趁着自己忙于种地不在家的时候，调皮地吹落了他摊在床上看了一半的书。这种边读书边种地的日子，大概就是“田园诗人”生活的真实写照。

每次读到这样的诗篇，我总是会情不自禁想起另外一位著名诗人陶渊明，想到他同样“既耕亦已种，时还读我书”（《读山海经十三首》其一）的田园生活。这种虽然辛苦，甚至常常还要为生计而操劳，但他们总能从自然、从阅读中升华出诗意的生活情趣和乐观超迈的情怀。

二十四节气不仅是农民调整生产生活的重要标准，更因为它反映了自然的季节变化而成为古代文人、文学经典的至爱。在古典名著《红楼梦》中，曹雪芹就多次细腻而生动地描绘不同节气中大观园里的种种活动，例如仲夏日的芒种节气，《红楼梦》第二十七回就有特别生动的描写，这一年的芒种节正是农历的四月二十六日，“未时交芒种节。尚古风俗：凡交芒种节的这日，都要设摆各色礼物，祭饯花神，言芒种一过，便是夏日了，众花皆卸，花神退位，须要饯行。然闺中更兴这件风俗，所以大观园中之人都早起来了。那些女孩子们，或用花瓣柳枝编成轿马的，或用绫锦纱罗叠成干旄旌幢的，都用彩线系了。每一棵树上，每一枝花上，都系了这些物事。满园里绣带飘飖，花枝招展，更兼这些人打扮得桃羞杏让，燕妒莺惭，一时也道不尽。”

这样的描写可能带给我们不一样的芒种印象。本来“芒种者，有芒之谷可稼种也”，它应该是农业生活中麦子等农作物成熟收割的节气，可是在闺阁女子那里却成为了饯花神、梳妆打扮的美丽节日，尤其对于大观园里那些腹有诗书气自华的女孩子们来说，更是洋溢着浪漫的诗意。

古代的诗人还普遍患有“季节病”——伤春和悲秋，他们总是特别善于从季节的轮回中敏锐地感受到岁月的流逝，并且从中提炼出对于时间和生命的哲学体悟。立秋的节气，西风吹落梧桐，会让古人惊觉一叶知秋，发出“睡起秋声无觅处，满阶梧叶月明中”（《立秋日》）的感慨；立春的节气，“却笑东风从此，便薰梅染柳，更没些闲。闲时又来镜里，转变朱颜。”（《汉宫春 立春日》）从立春开始，东风又要开始忙碌了，一会儿要染红梅花，一会儿要吹绿柳叶，东风忙得马不停蹄了偏偏还要忙中偷闲：“闲时又来镜里，转变朱颜。”它还会偷偷跑到镜子里，将词人青春的容颜催老，这是宋代爱国词人辛弃疾在借立春节气抒发把握时机、报效国家的紧迫感。

再举一个例子，冬至。冬至和清明类似，既是古人特别重视的一个节气，同时也是一个重要的节日，秦汉以前的人甚至还以冬至作为一年的开始，这一天“阳气始生”，冬至是一年之中黑夜最长、白昼最短的日子，过了冬至，白天就渐渐地变长了。杜甫就写过《小至》诗：“天时人事日相催，冬至阳生春又来。刺绣五纹添弱线，吹葭六琯动浮灰。”就非常生动地描述了唐代冬至的一些习俗，唐代宫中以女红来计算白昼的长短，冬至后因为白昼渐长，所以比常日要增添一线的女红，诗中才会有“刺绣五纹添弱线”的句子，又因为古人将芦苇膜烧成灰之后放在十二律管中，以占气候，到冬至节的时候，黄钟律管里面的芦苇灰便会飞动起来，因此又有了“吹葭六琯动浮灰”的诗句。

冬至还是祭天祭祖的大日子，不仅皇帝要到郊外举行祭天大典，民间百姓也要举家团聚，祭拜祖先。因此如果这一天还有人漂泊在外，不能及时赶回家中与亲人团聚参与祭祀大典的话，那种浓厚的乡愁总是会油然而生。白居易就曾经写过一首很有名的《冬至夜思家》诗：“邯郸驿里逢冬至，抱膝灯前影伴身。想得家中夜深坐，还应说着远行人。”冬至长夜漫漫，孤独的远行人在灯下尤其会深深思念起遥远的家乡，挚爱的亲人，和冬至夜家中温暖的炉火。这样的乡愁与诗意和那首著名的《清明》诗可谓是遥相呼应：“清明时节雨纷纷，路上行人欲断魂。借问酒家何处有，牧童遥指杏花村。”清明和冬至，是尤其能激发起乡愁的节气。

其实，二十四节气作为中国传统文化的一个组成部分，何尝不是当代中国人潜藏心底的一种文化乡愁！走入二十四节气，重温美丽的古典诗词，唤起文化的乡愁，也许正是我们这次雅集的初衷之一吧。

作者介绍

杨雨，1974年出生，女，湖南长沙人，文学博士，有“湖湘才女”之称，现任中南大学文学院教授，入选2007年教育部新世纪优秀人才支持计划，湖南省首批新世纪121人才工程，湖南省高校青年骨干教师，中南大学升华学者育英计划、中南大学首届杰出青年人才。少年时，她就在晚报崭露头角；青年时，她已是晚报报道的知名学者。2008年在长沙政法频道《世说新语》，2009年在湖南教育电视台《湖湘讲堂》举办公开讲座；后在中央电视台《百家讲坛》栏目讲述《侠骨柔情陆放翁》《纳兰心事有谁知》；2013年端午节期间，在中央电视台“百家讲坛”栏目讲述《端午时节话屈原》。

拓展练习

《诗意栖居在二十四节气中》中引用了十多首有关节气的诗词，可以以二十四节气为线索，朗读有关的古诗词，从立春开始跨越春夏秋冬四季，到大寒结束。在这一年四季的诗词之旅中，在感受寒来暑往的节气温情的同时，积累诗的语言，感受诗的情怀，沐浴诗歌绽放出的文化光芒，从中获得美的熏陶，传承具有中国特色的文化基因。

春分赏花，立夏听雨，秋分赏月，立冬观雪，四时韵致，古人比我们有着更细腻和敏感的体察，为我们留下了数不胜数的诗词歌赋。如苏轼的《减字木兰花》描写的是立春节气，杜甫的《春夜喜雨》描写的是雨水节气，请同学们收集有关二十四节气的诗歌（上文提到的除外），诵“节气之诗”，看谁找得多，并进行背诵比赛。

知识链接

“天人合一”思想下的二十四节气文化

二十四节气是中国传统文化中的重要组成部分，它是根据太阳在黄道上运行的规律，将一年分为24个节气，每个节气都有其独特的气候特征和文化内涵。下面我们来一起了解一下这24个节气。

立春：太阳黄经为315°。是24个节气的头一个节气。于每年公历2月3—5日交节，其含义是开始进入春天，“阳和启蛰，品物皆春”，过了立春，万物复苏，生机勃勃，一年四季从此开始了。

雨水：太阳黄经为330°。于每年公历2月18—20日交节，这时春风遍吹，冰雪融化，空气湿润，雨水增多，所以叫雨水。人们常说：“立春天渐暖，雨水送肥忙。”

惊蛰：太阳黄经为345°。于每年公历3月5—6日交节，这个节气表示“立春”以后天气转暖，春雷开始震响，蛰伏在泥土里的各种冬眠动物将苏醒过来开始活动，所以叫惊蛰。这个时期过冬的虫卵也要开始孵化，我国部分地区进入了春耕季节。谚语云：“惊蛰过，暖和和，蛤蟆老角唱山歌”“惊蛰一犁土，春分地气通”“惊蛰没到雷先鸣，大雨似蛟龙”。

春分：太阳黄经为0°。春分日太阳在赤道上方。于每年公历3月19—22日交节，这是春季90天的中分点，这一天南北两半球昼夜相等，所以叫春分。这天以后太阳直射位置便向北移，北半球昼长夜短。所以春分是北半球春季的开始。我国大部分地区越冬作物进入春季生长阶段。各地农谚有：“春分在前，斗米斗钱”（广东）、“春分甲子雨绵绵，夏分甲子火烧天”（四川）、“春分有雨家家忙，先种瓜豆后插秧”（湖北）、“春分种菜，大暑摘瓜”（湖南）、“春分种麻种豆，秋分种麦种蒜”（安徽）。

清明：太阳黄经为15°。于每年公历4月4—6日交节，此时气候清爽温暖，草木始发新枝芽，万物开始生长，农民忙于春耕春种。从前，在清明节这一天，有些人家在门口插上杨柳条，还到郊外踏青，祭扫坟墓，这是古老的习俗。

谷雨：太阳黄经为30°。于每年公历4月19—21日交节，就是雨水生五谷的意思，由于雨水滋润大地五谷得以生长，所以，谷雨就是“雨生百谷”。谚云：“谷雨前后，种瓜种豆”。

立夏：太阳黄经为45°。于每年公历5月5—7日交节，是夏季的开始，从此进入夏天，万物生长旺盛。立夏时气温显著升高，炎暑将临，雷雨增多，农作物进入旺季生长的一个重要节气。

小满：太阳黄经为60°。于每年公历5月20—22日交节，从小满开始，大麦、冬小麦等夏收作物，已经结果，籽粒饱满，但尚未成熟，所以叫小满。

芒种：太阳黄经为75°。于每年公历6月5—7日交节，这时最适合播种有芒的谷类作物，如晚谷、黍、稷等。如过了这个时候再种有芒作物就不好成熟了。“芒”指有芒作物如小麦、大麦等，“种”指种子。芒种即表明小麦等有芒作物成熟。芒种前后，我国中部的长江中、下游地区雨量增多，气温升高，进入连绵阴雨的梅雨季节，空气非常潮湿，天气异常闷热，各种器具和衣物容易发霉，所以在我国长江中、下游地区也叫“霉雨”。

夏至：太阳黄经为90°。“夏至点”时，阳光几乎直射北回归线上空，北半球正午太阳最高。于每年公历6月20—22日交节，这一天是北半球白昼最长、黑夜最短的一天，从这一天起，进入炎热季节，天地万物在此时生长最旺盛，所以古时候又把这一天叫作日北至，意思是太阳运生到最北的一日。过了夏至，太阳逐渐向南移动，北半球白昼一天比一天缩短，黑夜一天比一天加长。

小暑：太阳黄经为105°。于每年公历7月6—8日交节，天气已经很热，但不到最热的时候，所以叫小暑。此时，已是初伏前后。

大暑：太阳黄经为120°。于每年公历7月23—24日交节，大暑是一年中最热的节气，正值二伏前后，长江流域的许多地方，经常出现40℃高温天气，要做好防暑降温工作。这个节气雨水多，有“小暑、大暑，淹死老鼠”的谚语，要注意防汛防涝。

立秋：太阳黄经为135° 。于每年公历8月7—9日交节，从这一天起秋天开始，秋高气爽，月明风清。此后，气温由最热逐渐下降。

处暑：太阳黄经为150° 。于每年公历8月22—24日交节，这时夏季炎热已经到头了。暑气就要散了。它是温度下降的一个转折点。是气候变凉的象征，表示暑天终止。

白露：太阳黄经为165° 。于每年公历9月7—9日交节，天气转凉，地面水汽结露最多。

秋分：太阳黄经为180° 。于每年公历9月22—24日交节，秋分这一天同春分一样，阳光几乎直射赤道，昼夜几乎相等。从这一天起，阳光直射的位置继续由赤道向南半球推移，北半球开始昼短夜长。依我国旧历的秋季论，这一天刚好是秋季九十天的一半，因而称秋分。但天文学上规定，北半球的秋天是从秋分开始的。

寒露：太阳黄经为195° 。于每年公历10月7—9日交节，白露后，天气转凉，开始出现露水，到了寒露则露水日多，且气温更低了。所以，有人说，寒是露之气，先白而后寒，是气候将逐渐转冷的意思，而水汽则凝成白色露珠。

霜降：太阳黄经为210° 。于每年公历10月23—24日交节，天气已冷，开始有霜冻了，所以叫霜降。

立冬：太阳黄经为225° 。于每年公历11月7—8日交节，习惯上，我国人民把这一天当作冬季的开始。冬，作为终了之意，是指一年的田间操作结束了，作物收割之后要收藏起来的意思。立冬一过，我国黄河中、下游地区即将结冰，我国各地农民都将陆续地转入农田水利基本建设和其他农事活动中。

小雪：太阳黄经为240° 。于每年公历11月22—23日交节，气温下降，开始降雪，但还不到大雪纷飞的时节，所以叫小雪。小雪前后，黄河流域开始降雪（南方降雪还要晚两个节气）；而北方，已进入封冻季节。

大雪：太阳黄经为255° 。于每年公历12月6—8日交节，大雪前后，黄河流域一带渐有积雪；而北方，已是“千里冰封，万里雪飘”的严冬了。

冬至：太阳黄经为270° 。于每年公历12月21—23日交节，冬至这一天，阳光几乎直射南回归线，北半球白昼最短，黑夜最长，开始进入数九寒天。天文学上规定这一天是北半球冬季的开始。而冬至以后，阳光直射位置逐渐向北移动，北半球的白天就逐渐长了，谚云："吃了冬至面，一天长一线"。

小寒：太阳黄经为285°　。于每年公历的1月5—7日交节，小寒以后，开始进入寒冷季节，冷气积久而寒，小寒是天气寒冷但还没有到极点的意思。

大寒：太阳黄经为300°　。于每年公历1月20日左右交节，大寒就是天气寒冷到了极点的意思。大寒前后是一年中最冷的季节。大寒正值三九刚过，四九之初。谚云："三九四九不出手"。

大寒以后，立春接着到来，天气渐暖。至此地球绕太阳公转一周，完成了一个循环。

二十四节气是中国传统文化中的重要组成部分，它不仅反映了自然界的变化，也反映了人们的生活方式和文化内涵，我们应该珍惜并传承这一传统文化。

综合实践活动

品传统文化之美　传千年文化精华

二十四节气是我国劳动人民长期经验的积累和智慧的结晶，是我国传统文化的重要组成部分。“二十四节气”引领我们把语文课延伸到丰富多彩的节气文化之中，让我们在学习中感受它的博大精深，拓宽视野，陶冶情操，培养审美情趣，传承中华血脉，积淀民族文化底蕴。

一　画节气之美

“沾衣欲湿杏花雨，吹面不寒杨柳风”“接天莲叶无穷碧，映日荷花别样红”“停车坐爱枫林晚，霜叶红于二月花”“遥知不是雪，为有暗香来”……四季更替，大自然唯美如画，在每个节气里用绘画、剪纸、摄影、插花等形式记录节气之美也是我们传承传统文化的学习方式之一。

请同学们选择一种方式记录节气之美，并在班级以小组形式做交流展示，评选出最佳小组。（提示：如“二十四节气简笔画”“二十四节气剪纸作品”或“二十四节气插花”等均可）。

二　品民俗活动之“趣”

根据节气的自然变化，民间自古便流传着许多结合自然规律、体现传统的特色活动。如“春分”竖蛋、“清明”踏青、“立夏”称人、“寒露”观叶等等。你知道春分为什么能竖蛋吗？

请同学们查阅相关资料，并试着在春分这一天做一做这个实验，真正体验一下这个节气的神奇，并用实验的形式记录下来，在班级做交流。

三　尝节气美食

二十四节气不仅对应着不同的农事，还对应着独特的美食文化。不同的节气吃不同的美食，如“立春”咬春卷，“惊蛰”炒虫，“清明”吃子推饼，“立夏”吃蚕豆饭，“夏至”吃面，“处暑”吃鸭，“寒露”饮葡萄酒，“冬至”吃饺子，等等。在“芒种”与“夏至”之间有个重要的节日——端午，这天，人们习惯用粽叶、糯米、红枣等包粽子。

请以班级为单位，同学们动手做一做，采粽叶，浸糯米，洗红枣，共同练习包粽子，尝一尝这节日里的特色美食。

吃鸭子

吃粽子

第二单元

汲取传统文化精髓——解读儒道文化

春秋之后的两千多年里，对中国传统文化影响最深远的是儒家思想和道家思想。儒道精神互为补充，成为中国文化的基本精神。以儒治世，以道修身，许多仁人志士正是在儒道思想的影响下实践着“修身齐家治国平天下”的远大抱负。

本单元选取了儒家思想的两位代表人物孔子和孟子的言论，通过孔子关于“仁”的论述，孟子关于民本思想的阐释，展现了“仁者爱人”和“与民同乐”的儒家思想精华。道家思想展示中，选取了道家代表人物庄子的名篇《逍遥游》，通过汪洋恣肆的描写，展现了道家无拘无束、自由洒脱的人生追求。

本单元的学习，要理解文言词义，体会简练、严谨的语言特色，并结合儒道文化知识链接，理解儒道文化内涵及其在中国传统文化中的作用，体会儒道思想的道德原则、道德标准和道德境界。

一　弟子问仁[1]

阅读提示

在儒家思想中，作为最高的道德原则、道德标准和道德境界的“仁”，是孔子思想体系的核心概念，也是儒家思想最基本的社会伦理范畴；是人类社会应该追求的最高目标，也是个人修养的最高标准。孔子把整体的道德规范集于一体，形成了以“仁”为核心的伦理思想结构，但他的“仁”又是多层次的，既视其为至高无上的理想，又视其为实现最高理想而进行的具体行为。孔子在文中既指出了仁的本质——“爱人”，又因材施教，对不同的弟子给出了不同的诠释。

文中多采用对偶、排比等修辞方法，句式整齐，音节和谐。在阅读时，仔细品味孔子的语言魅力，感受先贤的智慧。

（一）

6.30子贡曰：“如有博施[2]于民而能济众，何如？可谓仁乎？”子曰：“何事于仁！必也圣乎！尧舜[3]其犹病诸！夫[4]仁者，己欲立而立人，己欲达而达人。能近取譬，可谓仁之方也已。”

（二）

12.1颜渊问仁。子曰：“克己复礼为仁[5]。一日克己复礼，天下归仁[6]焉。为仁由己，而由人乎哉？”

颜渊曰："请问其目。"子曰："非礼勿视，非礼勿听，非礼勿言，非礼勿动。"

颜渊曰："回虽不敏，请事斯语矣。"

（三）

12.2 仲弓问仁。子曰："出门如见大宾，使民如承大祭。己所不欲，勿施于人。在邦无怨，在家⑦无怨。"

仲弓曰："雍虽不敏，请事斯语矣。"

（四）

12.3 司马牛⑧问仁。子曰："仁者，其言也讱。"

曰："其言也讱，斯谓之仁已乎？"子曰："为之难，言之得无讱乎？"

（五）

12.22 樊迟问仁。子曰："爱人。"问知。子曰："知人。"

樊迟未达。子曰："举直错诸枉，能使枉者直。"

樊迟退，见子夏曰："乡⑨也吾见于夫子而问知，子曰，'举直错诸枉，能使枉者直'，何谓也？"

子夏曰："富哉言乎！舜有天下，选于众，举皋陶⑩，不仁者远⑪矣。汤⑫有天下，选于众，举伊尹⑬，不仁者远矣。"⑭

注释

①选自《论语》(《论语译注》简体字本)，中华书局2006年版，注释有删改。

②施：旧读去声。

③尧舜：传说中的上古两位帝王，也是孔子心目中的榜样。

④夫：音扶，fú，文言中的提挈词。

⑤克己复礼：《左传》昭公十二年说："仲尼曰：'古也有志：克己复礼，仁也。'"那么，"克己复礼为仁"是孔子用前人的话赋予新的含义。

⑥归仁："称仁"的意思。

⑦在家：刘宝楠《论语正义》说："在邦谓仕于诸侯之邦，在家谓仕于卿大夫之家也。"把"家"字拘泥于"大夫曰家"的一个意义，不妥当。

⑧司马牛：《史记·仲尼弟子列传》说："司马耕，字子牛。牛多言而躁，问仁于孔子。孔子曰：'仁者其言也讱。'"根据司马迁的这一说法，孔子的答语是针对问者"多言而躁"的缺点而说的。

⑨乡：去声，xiàng，同"向"。

⑩皋陶：音高摇，gāo yáo，舜的臣子。

⑪远：本是"离开""逋逃"之意，但人是可以转变的，何必非逃离不可。译文用"难以存在"来表达，比之拘泥字面或者还符合子夏的本意些。

⑫汤：商朝开国之君，名履，伐夏桀而得天下。

⑬伊尹：汤的辅相。

⑭"举直"而"使枉者直"，属于"仁"；知道谁是直人而举他，属于"智"，所以"举直错诸枉"是仁智之事，而孔子屡言之。

译文

（一）

子贡道："假若有这么一个人，广泛地给人民以好处，又能帮助大家生活得很好，怎么样？可以说是仁道了吗？"

孔子道："哪里仅是仁道！那一定是圣德了！连尧舜都难以做到哩！仁是什么呢？自己要站得住，同时也使别人站得住；自己要事事行得通，同时也使别人事事行得通。能够就眼下的事实选择例子一步步去做，可以说是实践仁道的方法了。”

（二）

颜渊问仁德。孔子道：“抑制自己，使言语行动都合于礼，就是仁。一旦这样做到了，天下的人都会称许你是仁人。实践仁德，全凭自己，还凭别人吗？”

颜渊道：“请问行动的纲领。”孔子道：“不合礼的事不看，不合礼的话不听，不合礼的话不说，不合礼的事不做。”

颜渊道：“我虽然迟钝，也要践行您这话。”

（三）

仲弓问仁德。孔子道：“出门［工作］好像去接待贵宾，役使百姓好像去承当大祀典，［都得严肃认真，小心谨慎。］自己不喜欢的事物，就不强加于别人。在工作岗位上不对工作有怨恨，就是不在工作岗位上也没有怨恨。”

仲弓道：“我虽然迟钝，也要践行您这话。”

（四）

司马牛问仁德。孔子道：“仁人，他的言语迟钝。”

司马牛道：“言语迟钝，这就叫作仁了吗？”孔子道：“做起来不容易，说话能够不迟钝吗？”

樊迟问仁。孔子道：“爱人。”又问智。孔子道：“善于鉴别人物。”

樊迟了解还不透彻。孔子道：“把正直人提拔出来，位置在邪恶人之上，能够使邪恶人正直。”

樊迟退了出来，找着子夏，说道：“刚才我去见老师向他问智，他说，‘把正直人提拔出来，位置在邪恶人之上’，这是什么意思？”

子夏道："意义多么丰富的话呀！舜有了天下，在众人之中挑选，把皋陶提拔出来，坏人就难以存在了。汤有了天下，在众人之中挑选，把伊尹提拔出来，坏人也就难以存在了。"

弟子同仁

拓展练习

1. 在课文中，关于"仁"的实现方式，孔子针对弟子的不同情况做出了不同的回答，这些回答或是对弟子自身缺点的克服，或是对其言行加以规范，或是对其思想境界进行提升。请同学们依据自身情况的不同，说一下你的认识，你将如何实现自身的"仁"。

2. 对课文及《论语》中的名言警句加以整理，制成小卡片，并及时进行诵读，达到背诵。

二　庄暴见孟子[①]

孟　子

阅读提示

课文是《孟子》中的经典段落，通过孟子与齐宣王关于“好乐”的谈话，体现了孟子“与民同乐”的民本思想。文中由齐宣王好乐切入，就君王“独乐乐”还是“与人乐乐”的问题进行反复论证，阐明了要取得天下就必须得民心的观点。

文章采用相同的结构，一致的句式，鲜明的对比，因势利导，借题发挥，以小见大，以浅喻深，气势磅礴，富于鼓动性，显示了孟子高明的论辩艺术。阅读时，注意领略其中的语言艺术。

庄暴见孟子，曰：“暴见于王[②]，王语暴以好乐[③]，暴未有以对也。”曰[④]：“好乐何如？”

孟子曰：“王之好乐甚，则齐国其庶几[⑤]乎！”

他日[⑥]，见于王曰：“王尝语庄子以好乐，有诸？”

王变乎色[⑦]，曰：“寡人非能好先王之乐也，直好世俗之乐耳。”

曰：“王之好乐甚，则齐其庶几乎！今之乐由古之乐也。”

曰：“可得闻与？”

曰：“独乐乐，与人乐乐，孰乐？”

曰：“不若与人。”

曰：“与少乐乐，与众乐乐，孰乐？”

曰：“不若与众。”

“臣请为王言乐。今王鼓乐于此，百姓闻王钟鼓之声，管籥[⑧]之音，举[⑨]疾首蹙頞[10]而相告曰：‘吾王之好鼓乐，夫何使我至于此极也？父子不相见，兄弟妻子离散。’今王田猎[11]于此，百姓闻王车马之音，见羽旄[12]之美，举疾首蹙頞而相告曰：‘吾王之好田猎，夫何使我至于此极也？父子不相见，兄弟妻子离散。’此无他，不与民同乐也。”

“今王鼓乐于此，百姓闻王钟鼓之声，管籥之音，举欣欣然有喜色而相告曰：‘吾王庶几无疾病与，何以能鼓乐也？’今王田猎于此，百姓闻王车马之音，见羽旄之美，举欣欣然有喜色而相告曰：‘吾王庶几无疾病与，何以能田猎也？’此无他，与民同乐也。今王与百姓同乐，则王矣。”

注释

①选自《孟子·梁惠王章句下》(《孟子译注》，中华书局2010年2月第3版)。

②暴见于王：“王”是齐宣王。这是由上一章和下一章所言都是齐宣王的事情而推知的。“暴见于王”和“庄暴见孟子”不同。一有介词“于”字，一不用介词。“见孟子”是“来看孟子”，“见于王”是“被王接见”。

③乐：历来注释家都把这“乐”字解为“音乐”。但也有人主张（如宋人陈善的《扪虱新语》）把它解为“快乐”，因为下文孟子讲到“田猎”，是一种娱乐，也不与“音乐”相干。但我们细推全文，“鼓乐”连言，认为原意仍是“音乐”的“乐”，孟子以后又讲到田猎，不过是由“独乐”“众乐”而引申出来的又一比方罢了。

④曰：一个人的话中间又加一“曰”字，表示这个人说话之中有所停顿，因此加一“曰”字，表示“更端”，这是古人修辞体例。说详俞樾《古书疑义举例》卷二。

⑤庶几：“差不多”的意思，但只用于积极方面。

⑥他日：直译为“别的日子”，有时表示在这以前的日子，如第十六章的“他日君出”；这里表示在这以后的日子，所以译为“过了些时”。

⑦变乎色：直译为“变了脸色”，译文译其意。

⑧管籥：“籥”同“龠”(yuè)。管龠，古代吹奏乐器，如今天箫笙之类

的东西。

⑨举：副词，皆，俱，全都。

⑩疾首蹙頞：蹙（cù）。頞音遏（è），鼻茎，鼻梁。疾首蹙頞直译为脑袋疼痛绉着鼻梁，译文用意译法。

⑪田猎：就是打猎。

⑫羽旄：旗帜的意思，这里译为“仪仗”。

译文

齐国的臣子庄暴来见孟子，说道：“我去朝见王，王告诉我，他爱好音乐，我不知应该怎样回答。”接着又说：“爱好音乐，究竟好不好？”

孟子说：“王如果非常爱好音乐，那齐国便会很不错了。”

过了些时，孟子谒见齐王，问道：“您曾经告诉庄暴，说您爱好音乐，有这回事吗？”

齐王很不好意思地说：“我并不是爱好古代音乐，只是爱好一般流行的乐曲罢了。”

孟子说：“只要您非常爱好音乐，那齐国便会很不错了。无论现在流行的音乐，或者古代音乐都是一样的。”

齐王说：“这个道理可以说给我听听吗？”

孟子说：“一个人单独地欣赏音乐快乐，跟别人一起欣赏音乐也快乐，究竟哪一种更快乐呢？”

齐王说：“当然跟别人一起欣赏更快乐些。”

孟子说：“跟少数人欣赏音乐固然快乐，跟多数人欣赏音乐也快乐，究竟哪一种更快乐呢？”

齐王说：“当然跟多数人一起欣赏更快乐。”

孟子马上接着说：“那末，就让我向您谈谈欣赏音乐和娱乐的道理吧。假使王在这儿奏乐，老百姓听到鸣钟击鼓的声音，又听到吹箫奏笛的声音，却全都觉得头痛，愁眉苦脸地互相议论：‘我们国王这样爱好音乐，为什么使我苦到这般地步呢！父子不能见面，兄弟妻子东逃西散！’假使王在这儿打猎，老百姓听到车马的声音，看到仪仗的华丽，却全都觉得头痛，愁眉苦脸地互相议论：‘我们国王这样爱好打猎，为什么使我苦到这般地步呢？父子不能见面，兄弟妻子东逃西散！’〔为什么百姓会这样呢？〕这没有别的原因，就是因为王只图自己快乐而不同大家一同娱乐的缘故。

“假使王在这儿奏乐，百姓听到鸣钟击鼓的声音，又听到吹箫奏笛的声音，全都眉开眼笑地互相告诉：‘我们国王大概很健康吧，要不这样，怎么能够奏乐呢？’假使王在这儿打猎，老百姓听到车马的声音，看到仪仗的华丽，全都眉开眼笑地互相告诉：‘我们国王大概很健康吧，要不这样，怎么能够打猎呢？’〔为什么百姓会这样呢？〕这没有别的原因，只是因为王同百姓一同娱乐罢了。如果王同百姓一同娱乐，就可以使天下归服了。”

孟子见梁惠王

拓展练习

1.本文体现了孟子高超的论辩技巧，他抓住时机，掌握谈话主动权，步步善诱，欲擒故纵，引人入彀（gòu），成功借齐王“好乐”的话题阐述了

“与民同乐”的政治主张。请利用孟子在本课中的论辩技巧劝说同学远离网络游戏。

2.孔孟思想的发展距今已有两千多年，现在的我们多是从古代典籍中了解他们的思想智慧。有人认为：孔孟思想已经过时，我们当前是法治社会，再提及孔孟思想已经没有什么意义，我们应当摒弃。也有人认为：孔孟思想常学常新，其中的“德政”思想对于当前社会发展更有指导意义，我们应当提倡。请同学们以“当前社会是否还需要提倡孔孟之道”为辩题展开辩论。

三　逍遥游[1]（节选）

庄　子

阅读提示

《逍遥游》是《庄子》中最具代表性的庄子哲学的总纲，是庄子思想的灵魂。文章表达了不对万物有所依赖，无拘无束，自由自在地遨游天地间的主题思想，抒发了对绝对自由的人生理想的追求。节选部分更是以“鲲”“鹏”寓示生命活力的不可限量，对逍遥状态的不懈追求。

全文想象丰富，构思新颖，雄奇怪诞，汪洋恣肆，字里行间洋溢着浪漫主义精神。其精神特质和哲学思想对现实有一定的启发意义，需仔细品读。

北冥[2]有鱼，其名为鲲[3]。鲲之大，不知其几千里也[4]。化而为鸟，其名为鹏。鹏之背，不知其几千里也。怒[5]而飞，其翼若垂天之云[6]。是鸟也，海运[7]则将徙于南冥。南冥者，天池[8]也。

《齐谐》[9]者，志怪者也。《谐》之言曰：“鹏之徙于南冥也，水击[10]三千里，抟[11]扶摇[12]而上者九万里。去以六月息者也[13]。”野马也，尘埃也，生物之以息相吹也[14]。天之苍苍，其正色邪？其远而无所至极邪？其视下也，亦若是则已矣[15]。

且夫水之积也不厚，则其负大舟也无力[16]。覆杯水于坳堂之上[17]，则芥[18]为之舟。置杯焉则胶[19]，水浅而舟大也。风之积也不厚，则其负大翼也无力。故九万里，则风斯在下矣，而后乃今培风[20]；背负青天而莫之夭阏[21]者，而后乃今将图南。

注释

①选自《庄子·逍遥游》(《庄子今注今译》，商务印书馆2007年版，注释有删改)。

②北冥："冥"，通溟，训海。下文"南冥"之"冥"同。

③鲲：鱼子。

④鲲之大，不知其几千里也：总点出"大"。"大"字是一篇之纲。

⑤怒：同努，振奋的意思。这里形容鼓动翅膀。

⑥垂天之云："垂"，犹边。

⑦海运：谓海风动。

⑧天池：天然大池。

⑨齐谐：书名。下句"志怪者也"，"志"即誌，乃说它是记载怪异的书。

⑩水击：通"水激"。

⑪抟(bó)：通"拍"。

⑫扶摇：海中飓风，为庄子所创名词。

⑬去以六月息者也：乘着六月风而去。"去"，指飞去南海。"六月息"，即六月风。"息"，谓风。六月间的风最大，鹏便乘大风而南飞。

⑭野马也，尘埃也，生物之以息相吹也："野马"，谓空中游气。"尘埃"，谓空中游尘。"生物"，谓空中活动之物。此句，犹谓空中之游气、游尘以及活动之物，皆由风相吹而动。

⑮则已矣：作"而已矣"。"则"，犹"而"。

⑯且夫水之积也不厚，则其负大舟也无力：这一段在说"积厚"的意义。

⑰坳(ào)堂之上：堂上凹处。

⑱芥：小草。

⑲胶：粘住，滞停。

⑳而后乃今培风："而后乃今"，即"乃今而后"的倒文。"培风"，冯风，乘风。

㉑莫之夭阏(è)：无所窒碍。

译文

北海有一条鱼，它的名字叫作鲲。鲲的巨大，不知道有几千里。化成为鸟，它的名字叫作鹏。鹏的背，不知道有几千里；奋起而飞，它的翅膀就像天边的云。这只鸟，海动风起时就迁往南海。那南海，就是天然大池。

《齐谐》这本书，是记载怪异之事的。《谐》书上说：“当鹏迁往南海的时候，水花激起达三千里，翼拍旋风而直上九万里高空。它是乘着六月大风而飞去的。”野马般的游气，飞扬的游尘，以及活动的生物被风相吹而飘动。天色苍苍茫茫，那是它的本色吗？它的高远是没有穷极的吗？大鹏往下看，也就是这样的光景。

水的聚积不深厚，那么就没有足够的力量负载大船。倒一杯水在堂前洼地，那么放一根小草可当作船；放上一个杯子就胶着住了，这是水浅而船大的缘故。风的强度如果不大，那么就没有力量承负巨大的翅膀。所以鹏飞九万里，那厚积的风就在它的下面，然后才乘着风力，背负青天而没有阻碍，然后准备飞往南海。

逍遥游

拓展练习

1.《庄子》是道家的经典著作，也是中华典籍中的瑰宝，有很多成语均出自其中，如本篇节选部分中的“鲲鹏展翅”“鹏程万里”。请同学们阅读《庄子》一书，积累其中的成语，并了解其出处、故事及意义。

2.庄子的文章内容丰富，想象奇幻，构思巧妙，文笔汪洋恣肆，具有浪漫主义的艺术风格。请同学们也插上想象的翅膀，结合自己的专业、就业情况，畅想一下未来的专业发展前景或者未来你的样子。

影响深远的先秦儒道文化

一　先秦儒学思想简介

先秦儒学，起源于孔子春秋战国时期所创立的儒家学派，后经孟子、荀子的继承与发展，形成了一套完整的思想体系。先秦儒家思想对封建社会的影响极大，被封建统治者长期奉为正统思想，对后世产生深远影响。

东周时期，王室衰微，诸侯势力壮大，诸侯间争霸不休，战争频繁，社会动荡不安，使“天子失官，学在四夷”，维护封建宗法等级制度的“周礼”也遭到极大破坏，整个社会呈现出礼崩乐坏的局面。

孔子以传承正统礼乐文化（周礼）为已任，把传承文化、平治天下作为儒者的人生追求。为此，他以伦理思想为内核，坚持“亲亲”“尊尊”的立法原则，维护“礼治”，提倡“德治”，重视“仁治”，高扬人本主义精神，构建起儒学的理论体系。以下是孔子的主要儒学思想。

一、“仁”学思想

孔子提出“仁者爱人”“忠恕之道”等思想，从多方面、多层次阐述了仁学及其具体内容，揭示了人与社会、国家、宗族的关系，并从君惠臣忠、父慈子孝、夫唱妇随、兄友弟恭、朋友信义等关系出发，提出了以“仁”为核心的儒家道德规范。孔子提出“仁”德的本质是“仁者爱人”。

二、“礼”学思想

孔子提倡“克己复礼”，主张约束克制自己的欲望，并且使自己的行为符合社会的道德伦理规范。在国家层面，孔子提倡“礼乐治国”“为国以礼”，乐主内、礼主外，礼乐结合，并把礼乐教化作为治国安邦的主要手段之一。在社会层面，对上至等级秩序、规章制度、刑罚准则，中至礼节仪式、社会习俗、道德规范，下至日常生活、人际交往等社会各层面的相关内容加以规范，作出界定。在个人层面，“礼”是个人安身立命的根本和基础，“礼”可以提高修养，锻造品性。

先师孔子行教像

三、“天命”论思想

孔子认为鬼神是否存在根本不重要，重要的是人在人际处事中的积极态度。他要求人们知天、敬天，在人际关系中小心谨慎，达到个人命运与天命的统一。因此在孔子看来，他的使命和政治主张能否实现，完全是由命运决定的。

四、“中庸”思想

孔子提出了“中庸”思想，中是指中和、不偏不倚，庸是指平常、不容易变更。中庸为“过犹不及”之意。中庸思想注重在分析和处理问题时协调、平衡矛盾的两方面，力求不偏执、不过激，无过无不及，处于适度，也就是中和的状态。它是儒家学派的方法论原则，也是儒家道德修养的最高理想境界。

五、教育思想

在教育上，孔子主张“因材施教”“温故知新”等教育方法，倡导“有教无类”和“不愤不启、不悱不发”的启发式教学原则，发扬“学而不厌、诲人不倦”的进取精神。

孔子之后，儒家分为多个门派。其中，孟子的儒学思想影响最大。战国时期国家经历了长达数百年的诸侯割据，社会动荡不安，人民生活艰难。在这个背景下，孟子提出了许多重要的思想和理论，为后来儒家思想的发展奠定了基础。以下是孟子主要的儒学思想。

孟子

一、“仁政”思想

“仁政”是孟子政治思想的核心，是对孔子“仁”学思想的继承和发展。孟子认为，仁政是一种最理想的政治，如果统治者实行仁政，可以得到人民的衷心拥护；反之，如果推行虐政，将会失去民心。“仁政”的基本精神就是对人民有深切的同情和爱心。

二、民本思想

民本思想是孟子思想的精华，是仁政学说的理论基础之一。他发展了春秋以来的民本思想，要求统治者“保民”“与民同乐”，认为“民为贵，社稷次之，君为轻”，主张“政在得民”“得民心者得天下”，反对苛政。

三、性善论

孟子在伦理观上主张“性本善”，他认为人性本善，仁、义、礼、智的四德要求源于人的本性本心，要善于培育发展人的“四心”，即恻隐之心、羞恶之心、恭敬之心、是非之心，以造就四德之人。

儒家思想发展到战国后期，国家统一的呼声增强，荀子作为新兴地主阶级的思想家，其思想主张是为建立集中统一的封建国家、巩固和发展封建制度服务的。当时生产力的发展，“诸侯异政，百家异说”的思想环境，自然科学取得的成就也影响了荀子的唯物主义哲学思想。因此荀子形成了独特的思想体系，成为战国末期儒家的代表人物，以下是他的主要儒家思想。

一、性恶论

荀子

荀子提出了性恶论，认为“人性本恶，其善者伪也”，而“化性起伪”首先在于知礼，做到“唯仁是守，为义是行”，强调用礼乐来规范人的行为，使人向善。

二、礼法并重

荀子强调“治之经，礼与刑”，“礼，是人道之极”“法，是治之始”，他认为“礼”是根本原则，“法”是具体措施，“礼”与“法”是相辅相成的。治理国家应将礼法结合起来，不可偏废，“隆礼尊贤而王，重法爱民而霸”。

三、人定胜天

荀子指出“天行有常，不为尧存，不为桀亡”，提倡“明于天人之分”和“制天命而用之”，认为人们应该遵循天道，符合自然规律和道义准则，也就是人定胜天的理论。

四、君舟民水思想

荀子提出“君者，舟也；庶人者，水也。水则载舟，水则覆舟”的著名论断，强调人民群众的力量巨大。他认为，君主应该以仁爱之心治理国家，关心民众的福祉。

五、教育和修身

荀子非常注重教育和修身养性，强调“学不可以已”。他认为，通过教育和修身，可以发展自己的潜力，提高自己的道德水平，实现个人的全面发展。

经过孟子、荀子的改造和发展，儒学体系更加完整，儒家思想更能适应社会的需要。战国后期，儒学发展成为诸子百家中的蔚然大宗。而历经两千多年的发展，儒家思想成为中国优秀传统文化的重要组成部分，它代表了中国传承千年的文化精髓，体现了中国人民的民族精神，对中国的政治、经济、思想等各个方面产生巨大的潜在影响，成为当代社会主义义礼精神的内核。

二　先秦道家思想简介

春秋时期，铁制农具出现，井田制瓦解，社会生产力大大提升。周王室衰微，诸侯势力增强，诸侯国之间攻伐不断，人民死伤惨重。在社会大变革背景下，各家学派纷纷著书立说，宣传自家主张，形成了百家争鸣的文化格局。道家思想也在这一背景下逐渐形成和发展起来。

道家学派的创始人老子，姓李，名耳，字伯阳，谥聃，生于楚国或陈国，苦县厉乡曲仁里。曾任东周王朝的守藏室之吏，后辞官退隐。曾应函谷关令尹喜之请，著《道德经》五千言。老子的成就主要体现在《道德经》这本书中。其主要思想包括以下几方面。

一、本体论思想

老子认为“道”是宇宙万物运动和存在的总定理和总法则，但对其界属模糊不清，认为“玄之又玄”，后世学者依据《道德经》总结出“道”的具体内涵。认为：第一，宇宙论意义上的道。认为道是客观现实存在的，但是没有具体形象，无法用语言来说明的。第二，存在论意义上的道。认为道是宇宙星辰存在的根据，道的运动表现出某种规律性，这些规律抽象化之后可称为道。人们可以通过观察自然现象中的规律来指导活动，这也是老子思想核心“道法自然”的展现。第三，生活行动方面的道，即人们的生活准则和处事之道。总而言之，道是老子哲学思想的基础与核心概念，既是抽象的本体论范畴，也可以理解为具体的生活法则。

老子

二、认识论思想

老子的认识论思想是以清心寡欲为基础的。老子认为，深入人的内心世界，保持心灵的宁静，追求内心直观，万物就会自动呈现在人眼前。他主张人应该无欲无求。一旦做到了无欲无求，也就达到了无为无不为的精神境界。

三、政治思想

老子无欲无求的人生态度贯彻到社会政治领域，表现为“小国寡民”的社会形态。老子认为，欲望、法令以及对知识学问、仁义道德的过分追求造成了社会的混乱与战争，必须取消知识、道德，减少扰民，来达到天下安定，正所谓“我无为，而民自化；我好静，而民自正；我无事，而民自富；我无欲，而民自朴”。老子“小国寡民”的政治理想与其“无为而治”的思想精华是互为表里的。

四、辩证法思想

老子认为，事物具有向其相反方向运动的规律，总是处在一种对立统一的矛盾关系中，事物之间相互依存、相互支撑，不能离开它的对立面孤立存在。但物极必反，发展到极限时，就会向反面转化，“祸兮福之所倚，福兮祸之所伏”。

老子作为道家思想的创始人，他的辩证法思想、政治理想以及哲学思想很好地保存了下来，成为中华民族宝贵的精神财富。战国中期，庄子继承并发展了老子的思想，成为继老子之后道家学派的代表人物，他著有《庄子》一书。以下是他的主要思想。

一、无神论和天道观

庄子继承老子“天是道的产物”的思想，把天的概念抽象化，认为“道”为宇宙万物的本源，是世界的真理，是一种超越了人类认知和语言的存在，是一种无法言说、无法理解的玄妙境界。人应该顺应道的自然规律，不要违背道的本性，这样才能获得真正的自由和幸福。

二、自由观——逍遥游

庄子的逍遥是人类精神所能实现的最高境界。庄子认为，人要想实现逍遥，就必须摆脱物的限制，实现无所待，不依赖外界任何事物，追求内在的自由和解放，这样就可以达到“忘物忘他忘我忘心”的境界，实现“无情无功无名无己”，最终走向神人、圣人才能达到的逍遥境界。

三、政治观——顺应自然，无为而治

他认为人类不应该过分追求功利和名利，也不应该强制自己做一些不愿意做的事情，而应该顺应自然，放下执念。主张政治以无为为主，尊重个体的自由和平等，君主要顺物而动，顺天而行，无为而治，建立公正、稳定、和谐的社会秩序。

庄子

四、认识论

庄子认为人类拥有认识世界的能力，人的知识分为有为的小知与无为的大知，提倡无为的大知，摒弃有为的小知。人永远无法认清全部的世界，所以以有限的智慧去探究无穷大的领域，必然会迷乱而无所收获。他主张“万物齐一”，认为人应突破自我形躯的局限而对万物加以整体性把握，“天地与我并生，而万物与我为一”。

五、人生观

庄子反对物役，追求人格的独立；意识到人和自然生物一样，都有着由生到死的过程；追求精神自由、超然于世；主张养生，做到无过无不及；注重于善恶之间，使自己的精力和身体不受损害。他说：“为善无近名，为恶无近刑。缘督以为经，可以保身，可以全生，可以养亲，可以尽年。”

继老庄之后，战国时期形成了以宋钘、尹文等人为代表的稷下道家学派。它继承了老庄的思想，主张不累于俗，不嗜于物，见侮不辱，情欲寡浅。提出齐万物以为道，顺乎自然，不顾于虑，不谋于智，于物无择，与之俱往，并把黄帝与老子相并称。此后，随着崇尚“黄老”的社会思潮的泛起，始于稷下道家学派的黄老学说，逐渐分衍成几个流派，出现了以道家的清静养生、无为治世为主体，而又汲取了阴阳、儒、墨、名、法各家部分思想内容，被称为黄老之术的新道家。

在中国文化和社会生活中，道家思想对中国人的思维方式和生活方式产生了深远影响。在传统文化中，道家思想被广泛地运用于哲学、文学、艺术、政治、社会等各个领域。在社会生活中，道家思想也深刻地影响着人们的行为和态度，使人们更加注重人类与自然的和谐发展，个体的差异性和多样性。

综合实践活动

传承儒家文化　探寻现实意义

儒家文化作为中国传统思想文化的重要组成部分，两千多年来，对中国的各个朝代、各个领域都产生了深远影响。今天，虽然现代化生活掩盖了很多儒家文化的痕迹，但仔细寻找，我们发现它们虽略有蒙尘，却仍旧熠熠发光，这需要你我拂去历史沉积的尘埃，探寻它在当前社会的现实意义。开展“传承儒家文化，探寻现实意义”的语文综合实践活动，完成以下任务。

一　展现新时代仁政风采

党的十八大以来，以习近平同志为核心的党中央把脱贫攻坚摆在治国理政突出位置，团结带领全党全国各族人民，经过8年持续奋斗，取得了脱贫攻坚战的全面胜利，完成了消除绝对贫困的艰巨任务。2020年至2021年年初，21万多名普查人员对中西部22省（区、市）开展了国家脱贫攻坚普查。普查结果显示，现行标准下农村贫困人口全面实现了脱贫。

贫困人口全面实现“两不愁三保障”及饮水安全有保障。根据国家农村贫困监测调查，2020年国家贫困县农村居民人均可支配收入12588元，党的十八大以来年均增长11.6%，高于全国农村居民2.3个百分点。在吃的方面，建档立卡户平常都能吃得饱不挨饿，能够摄入身体所需的蛋白质；在穿的方面，一年四季都有应季的换洗衣物和御寒被褥；在义务教育方面，适龄少年儿童除因身体原因不具备学习条件外，都有学上、上得起学，绝大多数在校就学，少量因特殊情况不能到校的送教上门；在基本医疗方面，建档立卡人口都纳入了基本医疗保险、大病保险和医疗救助等制度保障范围；在住房安全方面，原住房经鉴定或评定不安全的，均通过危房改造、易地扶贫搬迁等有效措施，保障建档立卡户都住上了安全住房。此外，在饮水安全方面，建档立卡户生活饮用水达到了当地农村安全饮水评价准则的要求，能及时、方便地获得足量、洁净的生活饮用水。

（新华社北京2月25日电 新华社记者，《光明日报》2021年2月26日05版）

二 追寻儒家思想的脚步

两千多年前，孔子提出了“爱人”的仁学思想，孟子也提出了“民贵君轻”的民本思想，扶贫工作就是对儒家仁政思想的践行和发展，它影响了千千万万的当代中国人。儒家思想在当今社会中的影响不仅体现在政治方面，还发展到了经济、思想、文化、教育等各个方面，与我们当前的生活深深羁绊在一起，产生了广泛而深远的影响。现在让我们通过活动来擦掉历史的尘埃，详细了解圣人的深邃思想及其在现代社会中的痕迹。

以小组为单位，利用手机记录当代社会符合儒家文化和儒家思想的言行举止。在亲友的帮助下，拍摄一段家庭生活录像，反映自家对儒家思想的传承情况。

三 举行“儒家思想伴我行”主题交流活动

古人讲求知行合一，也就是将认识与实践相结合。儒家思想我们已有初步了解，那在现实生活中应该如何应用呢？它对于当代生活有着怎样深远的影响呢？请依据下列步骤，完成对本次主题的深化认识。

1.请大家对拍摄的照片或影像加以整理归类，并用了解的儒家思想、文化的相关内容加以解释说明，它在古典文籍中的表述和现在的理解认识。

2.根据拍摄的家庭生活录像准备解说词，要包含对所做事情的解释、目的，彰显的儒家思想内容，取得的效果。

3.利用手中的资料，进行沟通交流，谈自己的认识。各学习小组资源共享，进行展板制作并展示，评选出最佳作品加以表扬。

第三单元

展示多彩风土人情——感受民俗文化

何谓民俗？民俗又称民间文化，是指民间民众的风俗生活文化的统称。民俗文化，又称为传统文化，是一个民族或一个社会群体在长期的生产实践和社会生活中逐渐创造并世代相传、较为稳定的文化事项，可以简单概括为民间流行的风尚、习俗。中华民族是一个多民族团结的大家庭，呈现出异彩纷呈的民族文化。

本单元选取了一篇散文《故乡的榕树》和一篇小说《边城》(节选)，用优美、清丽的笔触呈现了福建和湘西淳朴的民风民俗。本单元还选取了《元日》《水调歌头·明月几时有》两首诗词，借春节和中秋两个中华民族最重要的节日，展现了多彩的节日风俗。不同的民俗构筑了我们中华民族自己的特色，通过学习，体会不同民族、不同传统节日的民俗特点，理解劳动人民通过不同节日、民俗表达的向往和寄托，自觉弘扬民族文化，建立文化自信。

一 故乡的榕树

黄河浪[①]

阅读提示

了解乡土民俗，唤起读者对成长路上儿时记忆的回忆。走得再远也不能忘了来时的路，记忆中温暖的家乡民俗，是成长路上不竭的动力，让我们感受到温情，不舍爱与自由。

《故乡的榕树》是作者通过回忆故乡榕树下的童年生活而抒发思乡之情的散文，作者写此文时“已离乡千里万里外了”，而且时间已过了“三十年”，但故乡、故物、故人、故事时时在脑海中浮现，离乡愈远愈久，思念愈切愈深。这是一种游子对于母亲的思念。这种思念之情是真切浓郁的，是崇高纯粹的，刻骨铭心，挥之不去。[②]

只有真情，并不一定能写出好文章。《故乡的榕树》的作者运用了高超的抒情技巧，笔酣墨畅地抒写了思乡的满腔真情。特别是故乡的民俗：村口的老榕树，老榕树下的祈祷，榕树枝、榕树叶、老榕树的故事——榕树就是平安树，记忆里在树下的嬉戏娱乐……正是这种真情打动了读者，引起了共鸣，提高了文章的美学价值。

住所左近的土坡上，有两棵苍老蓊郁的榕树，以广阔的绿荫遮蔽着地面。在铅灰色的水泥楼房之间，摇曳赏心悦目[③]的清翠；在赤日炎炎的夏天，注一潭诱人的清凉。不知什么时候，榕树底下辟出一块小平地，建了儿童玩的滑梯和亭子，周围又种了蒲葵和许多花朵，居然成了一个小小的儿童世界。也许是对榕树有一份亲切的感情罢，我常在清晨或黄昏带小儿子到这里散步，或是坐在绿色的长椅上看孩子们嬉戏，自有一种悠然自得[4]的味道。

那天特别高兴，动了未泯的童心，我从榕树枝上摘下一片绿叶，卷制成一支小小的哨笛，放在嘴边，吹出单调而淳朴的哨音。小儿子欢跳着抢过去，使劲吹着，引得谁家的一只小黑狗循声跑来，摇动毛茸茸的尾巴，抬起乌溜溜的眼睛望他。他把哨音停下，小狗失望地跑开去；他再吹响，小狗又跑拢来……逗得小儿子嘻嘻笑，粉白的脸颊上泛起淡淡的红晕。

而我的心却像一只小鸟，从哨音里展翅飞出去，飞过迷朦的烟水，苍茫的群山，停落在故乡熟悉的大榕树上。我仿佛又看到那高大魁梧的躯干，鬈曲飘拂的长须和浓得化不开的团团绿云；看到春天新长的嫩叶，迎着金黄的阳光，透明如片片碧玉，在袅袅的风中晃动如耳坠，摇落一串串晶莹的露珠。

我怀念从故乡的后山流下来、流过榕树旁的清澈的小溪，溪水中彩色的鹅卵石，到溪畔洗衣和汲水的少女，在水面嘎嘎嘎地追逐欢笑的鸭子；我怀念榕树下洁白的石桥，桥头兀立的刻字的石碑，桥栏杆上被人抚摸光滑了的小石狮子。那汩汩的溪水流走了我童年的岁月，那古老的石桥镌刻着我深深地记忆，记忆里的故事有榕树的叶子一样多……

站在桥头的两棵老榕树，一棵直立，枝叶茂盛；另一棵却长成奇异的S形，苍虬[5]多筋的树干斜伸向溪中，我们都称它为“驼背”。更特别的是它弯曲的这一段树心被烧空了，形成丈多长平放的凹槽，而它仍然顽强地活着，横过溪面，昂起头来，把浓密的枝叶伸向蓝天。小时候我们对这棵驼背分外有感情，把它中空的那段凹槽当作一条“船”。几个伙伴爬上去，敲起小锣鼓，以竹竿当桨七上八落地划起来，明知这条“船”不会前进一步，还是认真地、起劲地划着。在儿时的梦里，它会顺着溪流把我们带到秋苗青青的田野上，绕过燃烧着火红杜鹃的山坡，穿过飘着芬芳的小白花的橘树林，到大江大海去，到很远很美丽的地方去……

有时我们会问：这棵驼背的老榕树为什么会被烧成这样呢？听老人说，很久很久以前，有一条大蛇藏在这树洞中，日久成精，想要升天；却因伤害人畜，犯了天条，触怒了玉皇大帝。于是有天夜里，乌云紧压着树梢，狂风摇撼着树枝，一个强烈的闪电像利剑般劈开树干，头上响起惊天动地的炸雷！榕树着火烧起来了，烧空了一段树干，烧死了那头蛇精，接着，一阵瓢泼大雨把火浇熄了……这故事是村里最老的老人说的，他像榕树一样垂着长长的胡子。我们相信他的年纪和榕树一样苍老，所以我们也相信他说的话。

不知在什么日子，我们还看到一些女人到这榕树头虔诚地烧一叠纸钱，点几炷香，她们怀着怎样的心愿来祈求这榕树之神呢？我只记得有的小孩面上长了皮癣，母亲就会把他带到这里，在榕树干上砍几刀，用渗流出来的乳白的液汁涂在患处，过些日子，那癣似乎也就慢慢地好了[⑥]。而我最难忘的是，每当过年的时候，老祖母都会叫我顺着那“驼背”爬到树上，折几枝四季常青的榕树枝，用来插在饭甑[⑦]炊熟的米饭四周，祭祀祖先的神灵。那时候，慈爱的老祖母往往会蹑着缠得很小的“三寸金莲”，笃笃笃地走到石桥上，一边看着我爬树，一边唠唠叨叨地嘱咐我小心。而我虽然心里有点战战兢兢[⑧]的，却总是装出毫不在乎的样子，把折到的树枝得意地朝她挥舞。

使人留恋的还有铺在榕树头四周的长长的石板条，夏日里，那是农人们的“宝座”和“凉床”。每当中午，亚热带强烈的阳光令屋内如焚、土地冒烟，惟有这两棵高大的榕树撑开遮天巨伞，抗拒迫人的酷热，洒落一地的荫凉，让晒得黝黑的农人们踏着发烫的石板路到这里透一口气。傍晚，人们在一天辛劳后，躺在用溪水冲洗过的石板上，享受习习的晚风，漫无边际地讲“三国”、说“水浒”，从远近奇闻谈到农作物的长势和收成……高兴时，还有人拉起胡琴，用粗犷的喉咙唱几段充满原野风味的小曲，在苦涩的日子里寻一点短暂的安慰和满足。

苍苍的榕树啊，用怎样的魔力把全村的人召集到膝下？不是动听的言语，也不是诱惑的微笑，只是默默地张开温柔的翅膀，在风雨中为他们遮挡，在炎热中给他们荫凉，以无限的爱心庇护着劳苦而纯朴的人们。

我深深怀念在榕树下度过的愉快的夏夜。有人卷一条被单，睡在光滑的石板上；有人搬几块床板，一头搁着长凳，一头就搁在桥栏杆上，铺一张草席躺下。我喜欢跟大人们一起挤在那里睡，仰望头上黑黝黝的榕树的影子，在神秘而恬静的气氛中，用心灵与天上微笑的星星交流。要是有月亮的夜晚，如水的月华给山野披上一层透明的轻纱，将一切都变得不很真实，似梦境，似仙境。在睡意朦胧中，有嫦娥驾一片白云悄悄飞过，有桂花的清香自榕树枝头轻轻洒下来。而桥下的流水静静地唱着甜蜜的摇篮曲，催人在夜风温馨的抚摸中慢慢沉入梦乡……有时早上醒来，清露润湿了头发，感到凉飕飕的寒意，才发觉枕头不见了，探头往桥下一看，原来是掉到溪里，吸饱了水，胀鼓鼓的，搁浅在乱石滩上……

那样的日子不会回来了。我仿佛刚刚从一场梦中醒转，身上还留着榕树叶隙漏下的清凉；但我确实知道，这一觉已睡过三十年，而人也已离乡千里万里外了！故乡桥头苍老的榕树啊，也经历了多少风霜？听说那棵“驼背”，在一次台风猛烈的袭击中，挣扎着倒下去了，倒在山洪暴发的溪水里，倒在故乡亲爱的土地上，走完了自己生命的历程。幸好另一棵安然无恙[9]，仍以它浓蔚的绿叶荫庇[10]着乡人。而当年把驼背的树干当船划的小伙伴们，都已长成。有的像我一样，把生命的船划到遥远的异乡，却仍然怀念着故乡的榕树吗？有的还坐在树头的石板上，讲着那世世代代讲不完的传说吗？但那像榕树一样垂着长长胡子的讲故事的老人已经去世了；过年时常叫我攀折榕树枝叶的老祖母也已离开人间许久了；只有桥栏杆上的小石狮子，还在听桥下的溪水滔滔流淌罢？

“爸爸，爸爸，再给我做几个哨笛。”不知什么时候，小儿子也摘了一把榕树叶子，递到我面前，于是我又一叶一叶卷起来给他吹。那忽高忽低、时远时近的哨音，弥漫成一片浓浓的乡愁，笼罩在我的周围。故乡的亲切的榕树啊，我是在你绿荫的怀抱中长大的，如果你有知觉，会知道我在遥远的异乡怀念你吗？如果你有思想，你会像慈母一样，思念我这漂泊天涯的游子么？

故乡的榕树啊……

—— 一九七九年五月于香港

注释

①作者：黄河浪，原名黄世连，香港作家，故乡福建长乐县人。曾用笔名洪荒。本文选自《福建青年》1980年6月号。

②写作背景福州又称“榕城”，一些村落常在村口种上榕树，作为”风水树”，以荫庇乡人。它往往被视为吉祥、长寿、兴旺的象征。

③赏心悦目：因欣赏美好的情景而心情舒畅。

④悠然自得：形容悠闲舒适的样子。

⑤苍虬（qiú）：形容树木盘曲的枝干。

⑥拜祭，治癖，是当地人的一种活动，家里有病人或者有喜事或者丧事，门上挂树枝往往是告启邪魔“绝入”。

⑦饭甑（zèng）：中国民间炊具。流行于南方各地。一般是用木条箍成。用来蒸饭的甑。

⑧战战兢兢：①形容因害怕而微微发抖的样子。②形容小心谨慎的样子。

⑨安然无恙：形容没有受到什么损害

⑩荫蔽（yīn bì）：大树枝叶遮蔽阳光，天热时宜于人们休息。比喻尊长照顾晚辈或祖宗保佑子孙。荫，没有阳光。

拓展练习

阅读原文，回答下列问题。

①住所左近的土坡上，有两棵苍老蓊郁的榕树，以广阔的绿荫遮蔽着地面。在铅灰色的水泥楼房之间，摇曳赏心悦目的清翠；在赤日炎炎的夏天，注一潭诱人的清凉。也许是对榕树有一份亲切的感情罢，我常在清晨或黄昏带小儿子到这里散步。

②那天特别高兴，动了未泯的童心，我从榕树枝上摘下一片绿叶，卷制成一支小小的哨笛，吹出单调而淳朴的哨音。心却像一只小鸟，从哨音里展翅飞出去，飞过迷朦的烟水，苍茫的群山，停落在故乡熟悉的大榕树上。我仿佛又看到那高大魁梧的躯干，卷曲飘拂的长须和浓得化不开的________绿云；看到春天新长的嫩叶，迎着金黄的阳光，透明如一________碧玉，在________的风中晃动如耳坠，摇落一________晶莹的露珠。

③我怀念从故乡的后山流下来、流过榕树旁的清澈的小溪，溪水中彩色的鹅卵石，到溪畔洗衣和汲水的少女，在水面嘎嘎嘎地追逐欢笑的鸭子；我怀念榕树下洁白的石桥，桥头兀立的刻字的石碑，桥栏杆上被人抚摸光滑了的小石狮子。那汩汩的溪水流走了我童年的岁月，那古老的石桥镌刻着我深深地记忆，记忆里的故事有榕树的叶子一样多……

④有时我们会问：这棵驼背的老榕树为什么会被烧成这样呢？听老人说，

很久很久以前，有一条大蛇藏在这树洞中，日久成精，想要升天；却因伤害人畜，犯了天条，触怒了玉皇大帝。于是有天夜里，乌云紧压着树梢，狂风摇撼着树枝，一个强烈的闪电像利剑般劈开树干，头上响起惊天动地的炸雷！榕树着火烧起来了，烧空了一段树干，烧死了那头蛇精，接着一阵瓢泼大雨把火浇熄了……这故事是村里最老的老人说的，他像榕树一样垂着长长的胡子。我们相信他的年纪和榕树一样苍老，所以我们也相信他说的话。

⑤不知在什么日子，我们还看到一些女人到这榕树下虔诚地烧一叠纸钱，点几炷香，她们怀着怎样的心愿来祈求这榕树之神呢？我只记得有的小孩面上长了皮癣，母亲就会把他带到这里，在榕树干上砍几刀，用渗流出来的乳白的液汁涂在患处，过些日子，那癣似乎也就慢慢地好了。而我最难忘的是，每过年的时候，老祖母会叫我顺着那“驼背”爬到树上，折几枝四季常青的榕树枝，用来插在饭甑炊熟的米饭四周，祭祀祖先的神灵。那时候，慈爱的老祖母往往会踽着缠得很小的“三寸金莲”，笃笃笃地走到石桥上，一边看着我爬树，一边唠唠叨叨地嘱咐我小心。而我虽然心里有点战战兢兢的，却总是装出毫不在乎的样子，把折到的树枝得意地朝着她挥舞。

⑥使人留恋的还有铺在榕树头四周的长长的石板条，夏日里，那是农人们的“宝座”和“凉床”。中午，两棵高大的榕树撑开遮天巨伞，洒落一地的阴凉，让晒得黝黑的农人们踏着发烫的石板路到这里透一口气。傍晚，人们在一天辛劳后，躺在用溪水冲洗过的石板上，享受习习的晚风。高兴时，还有人拉起胡琴，用粗犷的喉咙唱几段充满原野风味的小曲，在苦涩的日子里寻一点短暂的安慰和满足。

1.请简要概括作者回忆的“榕树的故事”中的民俗。

2.将下列叠词分别填入第②段中的画线处，顺序依次是__________（只填序号）。

A.串串　　　　B.团团

C.片片　　　　D.袅袅

3.制作读书卡片是一种良好的语文学习习惯，在文中摘录一个你最喜欢的句子，抄写在下面的读书卡片上，并将你的感悟写出来。（2分）

示例：我的心却像一只小鸟，从哨音里展翅飞出去，飞过迷朦的烟水，苍茫的群山，停落在故乡熟悉的大榕树上。“我的心却像一只小鸟，从哨音里展翅飞出去”，“小鸟”之喻，充分表现了心情的轻快、愉悦和联想的迅捷。“飞过迷蒙的烟水，苍茫的群山，停落在故乡熟悉的大榕树上”，照应自己千里万里远离故乡的实际，并借助飞鸟的“飞”与“停”，巧妙地引出了故乡的榕树，文笔自然，不露痕迹。“我仿佛又看到那高大魁梧的躯干，卷曲飘拂的长须和浓得化不开的团团绿云”，紧紧抓住了故乡榕树的主要特征，字里行间充满了赞美之情。

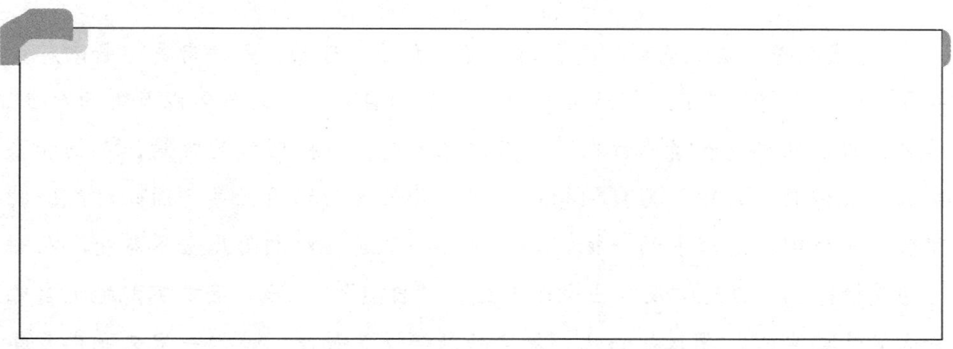

二　边城

沈从文

阅读提示

《边城》寄托着沈从文“美”与“爱”的美学理想，是一部充满着浓厚民族色彩的乡土抒情小说，展现了“边城”美的自然，美的风俗以及美的人性。作者把自己的思想和情感放在了民俗意象之中，将民俗作为背景，人物和事件融于民俗的框架中，为我们构筑了一个善与美的湘西世界。因此对民俗的理解就是理解《边城》的一把钥匙。这部小说通过对湘西儿女翠翠和恋人傩送的爱情悲剧的描述，反映出湘西人民在“自然”“人事”面前不能把握自己命运的惨痛事实。翠翠是如此，翠翠的母亲也是如此。她们一代又一代重复着悲痛而惨淡的人生，却找不到摆脱这种命运的途径。

沈从文通过《边城》这部爱情悲剧，描绘了一幅具有浓郁民族特色与边地情调的民俗风情画，揭示了人物命运的神秘，赞美了边城人民淳良的心灵。我们学习《边城》节选的这部分，借沈从文笔下的文字感悟湘西独特的民俗美，这些民俗在被叙写的同时，具有独有的审美意蕴和价值。重点赏析饮食民俗、服饰民俗、建筑民俗、交通民俗以及婚嫁民俗。

两省接壤处，十余年来主持地方军事的，注重在安辑保守，处置还得法，并无变故发生。水陆商务既不至于受战争停顿，也不至于为土匪影响，一切莫不极有秩序，人民也莫不安分乐生。这些人，除了家中死了牛，翻了船，或发生别的死亡大变，为一种不幸所绊倒觉得十分伤心外，中国其他地方正在如何不幸挣扎中的情形，似乎就永远不会为这边城人民所感到。

边城所在一年中最热闹的日子，是端午，中秋和过年。三个节日过去三五十年前如何兴奋了这地方人，直到现在，还毫无什么变化，仍能成为那地方居民最有意义的几个日子。

端午日，当地妇女小孩子，莫不穿了新衣，额角上用雄黄蘸酒画了个王字。任何人家到了这天必可以吃鱼吃肉。大约上午十一点钟左右，全茶峒人就吃了午饭，把饭吃过后，在城里住家的，莫不倒锁了门，全家出城到河边看划船。河街有熟人的，可到河街吊脚楼门口边看，不然就站在税关门口与各个码头上看。河中龙船以长潭某处作起点，税关前作终点。作比赛竞争。因为这一天军官税官以及当地有身分（应为身份）的人，莫不在税关前看热闹。划船的事各人在数天以前就早有了准备，分组分帮各自选出了若干身体结实手脚伶俐的小伙子，在潭中练习进退。船只的形式，与平常木船大不相同，形体一律又长又狭，两头高高翘起，船身绘着朱红颜色长线，平常时节多搁在河边干燥洞穴里，要用它时，拖下水去。每只船可坐十二个到十八个桨手，一个带头的，一个鼓手，一个锣手。桨手每人持一支短桨，随了鼓声缓促为节拍，把船向前划去。坐在船头上，头上缠裹着红布包头，手上拿两支小令旗，左右挥动，指挥船只的进退。擂鼓打锣的，多坐在船只的中部，船一划动便即刻蓬蓬镗镗把锣鼓很单纯的敲打起来，为划桨水手调理下桨节拍。一船快慢既不得不靠鼓声，故每当两船竞赛到剧烈时，鼓声如雷鸣，加上两岸人呐喊助威，便使人想起梁红玉老鹳河时水战擂鼓，牛皋水擒杨幺时也是水战擂鼓。凡把船划到前面一点的，必可在税关前领赏，一匹红，一块小银牌，不拘缠挂到船上某一个人头上去，皆显出这一船合作的光荣。好事的军人，且当每次某一只船胜利时，必在水边放些表示胜利庆祝的五百响鞭炮。

赛船过后，城中的戍军长官，为了与民同乐，增加这节日的愉快起见，便把三十只绿头长颈大雄鸭，颈膊上缚了红布条子，放入河中，尽善于泅水的军民人等，下水追赶鸭子。不拘谁把鸭子捉到，谁就成为这鸭子的主人。于是长潭换了新的花样，水面各处是鸭子，各处有追赶鸭子的人。

船与船的竞赛，人与鸭子的竞赛，直到天晚方能完事。

掌水码头的龙头大哥顺顺，年青时节便是一个泅水的高手，入水中去追逐鸭子，在任何情形下总不落空。但一到次子傩送年过十二岁时，已能入水闭铺氽着到鸭子身边，再忽然从水中冒水而出，把鸭子捉到，这作爸爸的便解嘲似的说："好，这种事有你们来作，我不必再下水了。"于是当真就不下水与人来竞争捉鸭子。但下水救人呢，当作别论。凡帮助人远离患难，便是入火，人到八十岁，也还是成为这个人一种不可逃避的责任！

天保傩送两人皆是当地泅水划船好选手。

端午又快来了，初五划船，河街上初一开会，就决定了属于河街的那只船当天入水。天保恰好在那天应向上行，随了陆路商人过川东龙潭送节货，故参加的就只傩送。十六个结实如牛犊的小伙子，带了香烛、鞭炮、同一个用生牛皮蒙好绘有朱红太极图的高脚鼓，到了搁船的河上游山洞边，烧了香烛，把船拖入水后，各人上了船，燃着鞭炮，擂着鼓，这船便如一枝箭似的，很迅速的向下游长潭射去。

那时节还是上午，到了午后，对河渔人的龙船也下了水，两只龙船就开始预习种种竞赛的方法。水面上第一次听到了鼓声，许多人从这鼓声中，感到了节日临近的欢悦。住临河吊脚楼对远方人有所等待有所盼望的，也莫不因鼓声想到远人。在这个节日里，必然有许多船只可以赶回，也有许多船只只合在半路过节，这之间，便有些眼目所难见的人事哀乐，在这小山城河街间，让一些人铺事，也让一些人皱眉。

蓬蓬鼓声掠水越山到了渡船头那里时，最先注意到的是那只黄狗。那黄狗汪汪的吠着，受了惊似的绕屋乱走，有人过渡时，便随船渡过河东岸去，且跑到那小山头向城里一方面大吠。

翠翠正坐在门外大石上用棕叶编蚱蜢蜈蚣玩，见黄狗先在太阳下睡着，忽然醒来便发疯似的乱跑，过了河又回来，就问它骂它：

"狗，狗，你做什么！不许这样子！"

可是一会儿那声音被她发现了，她于是也绕屋跑着，且同黄狗一块儿渡过了小溪，站在小山头听了许久，让那点迷人的鼓声，把自己带到一个过去的节日里去。

注释

①边城，川黔湘三省交界的边城小镇茶峒，居于湖南西部，湘西，周围

群山环绕，路途艰险。

②原载于1934年《国闻周报》第11卷，于1934年10月由上海生活书店首次出版。所获奖项“二十世纪中文小说一百强排行榜”中位列第二。本文选自1985年四川文艺出版社出版的《沈从文文集》。

③傩送：来源于傩舞，傩舞是非物质文化遗产，早在先秦时期，我们的先人就“戴上面具是神，脱下面具是人”的傩舞表达对神明的敬畏和对美好生活的期盼。被称为“中国古代舞蹈活化石”。

④沈从文，字崇文，中国著名作家，历史文物研究者，代表作《边城》。被誉为20世纪中国最优秀的文学家之一。素有文体作家美誉，又有新文学界的魔术家之称。

拓展练习

1. 简单概述文中有哪些具有民族特色的民俗意象，反映了苗族人民怎样的风土人情。

2. 根据课文内容填空。

《边城》是我国现代作家________的代表作，是我国文学史上一部优秀的抒发乡土情怀的小说。作者以20世纪30年代湘川交界的边城小镇________为背景，以兼具抒情诗和小品文的优美笔触，描绘了湘川边地特有的风土人情，借船家少女________和祖父的独特生活，描绘了一幅由“________________”构成的乡村风俗画，凸显了人性的闪亮美好与心灵的澄澈纯净。

三 诗词二首

阅读提示

春节淳朴的民俗一直是我们所有人共同的记忆，春节欢庆祥和的氛围是我们中国人的追求和向往，无论在哪里，只要是春节，新桃换旧符都是我们共同的习俗，带给我们温暖。《元日》一诗展现了我们的传统文化和悠久历史，春节民俗万象更新的团圆的喜悦历久弥新，这杯醇香的屠苏酒会永远激励着我们前行。

中秋是传统节日中比较重要的一个节日，在这一天，很多人无论多远或者多忙，都回家圆月，有特定的假期，还有节日礼品，圆圆的月饼是团圆的象征。中秋这天，大家普遍会举行一些民俗活动，比如，亲朋好友围坐一起喝酒，吃月饼，唱歌作诗，思念亲人。中秋民俗在很多诗词中都有体现，宋代苏轼的《水调歌头 明月几时有》就被人传诵，其清新典雅的意境，边喝酒边对月遥想，“但愿人长久，千里共婵娟”对亲人的思念和对天下人的祝福，一直散发着璀璨的光芒……

元　日①

〔宋〕王安石

爆竹声中一岁除②，
春风送暖入屠苏③。
千门万户曈曈日④，
总把新桃换旧符⑤。

注释

①元日：农历正月初一。

②一岁除：一年过去了。

③屠苏：屠苏酒。古时候的风俗，每年除夕家家用屠苏草泡酒，吊在井里，元日取出来，全家老小朝东喝屠苏酒。全句说，春风把暖气吹进了屠苏酒（意思是说，喝了屠苏酒，暖洋洋地感觉到春天已经来了）。

④曈曈：光辉灿烂。全句说，初升的太阳照遍了千家万户。

⑤总把新桃换旧符：总拿新门神换掉了旧门神。桃符是用桃木做成的，古时候逢到新年，家家户户都用两块桃木板子，画上两个神像，挂在大门上，说是可以驱除魔鬼。

水调歌头·明月几时有

〔宋〕苏轼

丙辰[①]中秋，欢饮达旦[②]，大醉，作此篇，兼怀子由[③]。

明月几时有？把酒[④]问青天。不知天上宫阙[⑤]，今夕是何年。我欲乘风[⑥]归去[⑦]，又恐琼楼玉宇[⑧]，高处不胜[⑨]寒。起舞弄清影，何似在人间。

转朱阁，低绮户，照无眠。不应有恨，何事长向别时圆？人有悲欢离合，月有阴晴圆缺，此事古难全。但愿人长久，千里共婵娟。

注释

①丙辰：指公元1067年（宋神宗熙宁九年）。这一年苏轼在密州（今山东省诸城市）任太守。

②达旦：到天亮。

③子由：苏轼的弟弟苏辙的字，与其父苏洵、其兄苏轼并称“三苏”。

④把酒：端起酒杯。把，执、持。

⑤天上宫阙（què）：指月中宫殿。阙，古代城墙后的石台。

⑥乘风：驾着风；凭借风力。

⑦归去：回到天上去

⑧琼（qióng）楼玉宇：美玉砌成的楼宇，指想象中的仙宫。

⑨不胜（旧读shēng）：经不住，承受不了。胜：承担、承受。

作者介绍

苏轼（1037年1月8日—1101年8月24日），字子瞻，和仲，号“东坡居士”，世称“苏东坡”。汉族，眉州人。北宋诗人、词人，宋代文学家，是豪放派词人的主要代表之一，“唐宋八大家”之一。在政治上属于旧党，但也有改革弊政的要求。其文汪洋恣肆，明白畅达，其诗题材广泛，内容丰富，现存诗3900余首。代表作品有《水调歌头・中秋》《赤壁赋》《江城子・乙卯正月二十日夜记梦》《记承天寺夜游》等。

拓展练习

1.《元日》是写的什么节日？有哪些民俗？

2.“总把新桃换旧符”，这一句有什么民俗？作者这样写体现了什么感情？有什么哲理意义？

3.天上宫阙如此美好，但作者毕竟更热爱人间生活。词中哪两句是由出尘之思转向人世情怀的过渡？

4.“但愿人长久，千里共婵娟”中的“婵娟”指的是什么？说说你对这个名句的理解。

源远流长的中华传统文化

一　传统节日

在传统的农耕社会，春回大地、终而复始、万象更新的立春岁首具有重要意义，衍生了大量与之相关的岁首节俗文化。虽然此后由于在历史发展中阴阳合历历法制度的推广，岁首节庆日期不同，但是其节庆框架以及许多民俗沿承了下来。春节是由岁首祈岁祭祀演变而来的，古人在岁首举行祭祀活动拜祭天地众神、祖先的恩德，驱邪攘灾、祈岁纳福。古代的祭仪情形虽渺茫难晓，但还是可以从后世的节礼民俗中寻找到一些古俗遗迹。如岭南部分地区沿承有在新年初一拜岁以及新年期间举行隆重盛大的拜神祭祖、驱邪纳福的节仪活动，由此可见上古时代岁首祭祀的蛛丝马迹。春节的起源和发展是一个逐渐形成，潜移默化地完善与普及的过程。春节文化作为中华传统文化的重要组成部分，承载着博大精深的中华文化底蕴，也记录着古代人们丰富多彩的社会文化生活。

中国传统节日主要有春节（农历正月初一）、元宵节（正月十五）、清明节（公历4月5日前后）、端午节（农历五月初五）、七夕节（农历七月十五）、中秋节（农历八月十五）、重阳节（农历九月九日）、冬至节（公历12月22—23日）和除夕（农历最后一天）。

这些传统节日由来已久，是我们民族的特征，不仅仅有一些仪式感，还有一些饮食代表着节日的美好寓意，譬如端午的粽子，中秋的月饼，除夕的饺子，元宵的汤圆……有人说饮食是中华传统文化的重要组成部分，这些食物让我们的节日有了氛围感和仪式感，也有人认为过分的关注吃，传统佳节就会变成“吃节”，但是美味的食品是治愈情绪的很好方式，这毋庸置疑。

（一）春节

传统节日仪式与习俗活动是节日元素的重要内容，承载着丰富多彩的节日文化底蕴。春节是中国一个古老的节日，也是全年最重要的一个节日，在历史发展中，吸纳了多地多种民俗为一体，形成了一些较为固定的风俗习惯，有许多还相传至今。这些活动，可大体归纳为如下几个方面：奉祀神灵，以应天时；崇宗敬祖，维护亲情；驱邪祛恶，以求平安；休闲娱乐，放松心情。百节年为首，春节是中华民族最隆重的传统佳节，它不仅集中体现了中华民族的思想信仰、理想愿望、生活娱乐和文化心理，还是祈福攘灾、品尝美食和各种娱乐活动的狂欢式展示。

在春节期间，全国各地都会举行各种贺岁活动，各地因地域文化不同又存在着习俗内容或细节上的差异，带有浓郁的地域特色。春节期间的庆祝活动极为丰富多样，有舞狮、飘色、舞龙、游神、庙会、逛花街、赏花灯、游锣鼓、游标旗、烧烟花、祈福、掼春，也有踩高跷、跑旱船、扭秧歌等。春节期间贴年红、守岁、吃团年饭、拜年等各地皆有，但因风土人情的不同，细微处又各有其特色。春节民俗形式多样、内容丰富，是中华民族生活文化精粹的集中展示。

春节是除旧布新的日子。春节虽定在农历正月初一，但其活动却并不止于这一天。从年尾的小年起，人们便开始“忙年”：祭灶、扫尘、购置年货、贴年红、洗头沐浴、张灯结彩等等。所有这些活动，都有一个共同的主题，即“辞旧迎新”。春节不仅是个欢乐祥和、合家团圆的节日，也是人们表达对幸福和自由向往的狂欢节和精神支柱。

春节（Spring Festival），即中国农历新年（Chinese New Year），俗称“新春”“新岁”“岁旦”等，又称“过年”“过大年”，是集除旧布新、拜神祭祖、祈福辟邪、亲朋团圆、欢庆娱乐和品尝美食为一体的民俗大节。

春节历史悠久，起源于早期人类的原始信仰与自然崇拜，由上古时代岁首祈岁祭祀演变而来。万物本乎天、人本乎祖，祈岁祭祀、敬天法祖，报本反始也。春节的起源蕴含着深邃的文化内涵，在传承发展中承载了丰厚的历史文化底蕴。在春节期间，全国各地都会举行各种庆贺新春活动，带有浓郁的地方特色。

在现代，人们把春节定于农历正月初一，但一般至少要到正月十五春节才算结束。

1.民俗活动

春节是民众娱乐狂欢的节日。元日子时交年时刻，鞭炮齐响、烟花满天，辞旧岁、迎新年等各种庆贺新春的活动达到高潮。大年初一早上各家焚香致礼，敬天地、祭列祖，然后依次给尊长拜年，继而同族亲友互致祝贺。元日以后，各种丰富多彩的娱乐活动竞相开展，为新春佳节增添了浓郁的喜庆气氛。节日的热烈气氛不仅洋溢在各家各户，也充满各地的大街小巷。这期间花灯满城，游人满街，热闹非凡，盛况空前，一直要到正月十五元宵节过后，春节才算真正结束。因此，集祈年、庆贺、娱乐为一体的盛典春节成了中华民族最隆重的佳节。春节反映了自然时空的新旧交替，具有除旧布新、祈福纳祥、感念先恩、阖家团圆的美好寓意。

2.传统习俗

（1）春联

春联，又称“春贴”“门对”“对联”，是过年时所贴的喜庆元素中的一个种类。它以对仗工整、简洁精巧的文字描绘美好形象，抒发美好愿望，是中国特有的文学形式，也是中国人过年的重要习俗。当人们在自己的家门口贴年红（春联、福字、窗花等）的时候，意味着过春节正式拉开序幕。每逢春节，无论城市还是农村，家家户户都要挑漂亮的红春联贴于门上，辞旧迎新，增加喜庆的节日气氛。

（2）中国剪纸

中国剪纸是一种用剪刀或刻刀在纸上剪刻花纹，用于装点生活或配合其他民俗活动的民间艺术。在中国，剪纸具有广泛的群众基础，交融于各族人民的社会生活，是各种民俗活动的重要组成部分。其传承赓续的视觉形象和造型格式，蕴含了丰富的文化历史信息，表达了广大民众的社会认知、道德观念、实践经验、生活理想和审美情趣，具有认知、教化、表意、抒情、娱

写春联

乐、交往等多重社会价值。2006年5月20日，剪纸艺术遗产经国务院批准列入第一批国家级非物质文化遗产名录。2009年9月28日至10月2日举行的联合国教科文组织保护非物质文化遗产政府间委员会第四次会议上，中国申报的中国剪纸项目入选“人类非物质文化遗产代表作名录”。2018年12月，教育部办公厅关于公布南京航空航天大学为中国剪纸中华优秀传统文化传承基地。

（3）年画

年画（new year paintings），是中国绘画的一种，始于古代的“门神画”，是中国民间艺术形式之一，也是常见的民间工艺品之一。年画是中国特有的一种绘画体裁，也是中国农村老百姓喜闻乐见的艺术形式，大都用于新年时张贴，装饰环境，含有祝福新年吉祥喜庆之意，故名年画。传统民间年画多用木板水印制作。旧年画因画幅大小和加工多少而有不同称谓。整幅年画的叫“宫尖”，一纸三开的叫“三才”，加工多而细致的叫“画宫尖”“画三才”，颜色上用金粉描画的叫“金宫尖”“金三才”，六月以前的产品叫“青版”，七八月以后的产品叫“秋版”。

（4）贴窗花

贴窗花是古老的传统节日习俗，新春佳节时，中国许多地区的人们都喜欢在窗户上贴上各种剪纸窗花。窗花不仅烘托了喜庆的节日气氛，还为人们带来了美的享受，集装饰性、欣赏性和实用性于一体。剪纸是一种非常普及的民间艺术，千百年来深受人们的喜爱，因为它大多是贴在窗户上的，所以人们一般称它为“窗花”。窗花内容丰富、题材广泛，不仅有神话传说、戏曲故事等题材，花鸟虫鱼及十二生肖等形象也十分常见。窗花以其特有的概括和夸张手法将吉祥事物、美好愿望表现得淋漓尽致，将节日装点得红火富丽、喜气洋洋。

（5）祭灶

祭灶是一项在汉族民间影响很大、流传极广的传统习俗。祭灶又叫送灶，因为民间相传第二天灶王菩萨要向玉皇大帝汇报自己一年的“工作”和所见所闻，诸如这一家人是不是乱倒饭菜、是不是不爱惜烟火等等。

民间祭灶，源于古人拜火习俗。如《释名》中说：“灶。造也，创食物也。”灶神的职责就是执掌灶火，管理饮食，后来扩大为考察人间善恶，以降福祸。祭灶在中国民间已有几千年历史，灶神信仰是中国百姓对“衣食有余”梦想追求的反映。

（6）扫尘

扫尘，又称扫屋、扫房、除尘、除残、掸尘、打埃尘等，是中国民间过年传统习俗之一。年前忙年主要是以除旧布新为活动主题，扫尘就是年终大扫除，南方称“扫屋”，北方称“扫房”，其用意是要把一切“穷运”“晦气”统统扫出门，寄托了中华民族一种辟邪除灾、迎祥纳福的美好愿望。民谣说：“二十四，扫尘日”。此日家家户户都要打扫卫生，掸拂尘垢蛛网，清洗各种器具，拆洗被褥窗帘，洒扫六闾庭院，疏浚明渠暗沟。

（7）接玉皇

接玉皇是中国民间传统民俗之一。中国民间认为灶王爷上天之后，玉皇大帝于农历十二月二十五日亲自下界，查察人间善恶，并定来年祸福，所以家家祭之以祈福，称为“接玉皇”。在民间接玉皇的同时，道观中也有迎接和祭祀的仪式，如北京白云观有接天尊板的活动，即是在除夕迎接玉皇的仪式。

3.传统美食

（1）饺子

饺子，初名馄饨，又有角子、角儿、匾食、扁食、牢丸、粉角、饺饵、水饺饵、水点心、水饺子，饺儿等多种称呼。饺子的烹饪方法多样，有煮、蒸、煎、烤等。自宋代开始，有了冬至日吃饺子的习俗，自明朝以来有了正月初一吃饺子的习俗。

（2）汤圆

汤圆，别称“汤团”“浮元子”，是汉族传统小吃的代表之一，同时，也是中国传统节日元宵节所最具有特色的食物，表达了古代人民对幸福生活的一种向往和期盼。据传，汤圆起源于宋朝。当时的明州（现浙江省宁波市）所兴起的一种新奇食品，即用黑芝麻、猪板油做馅，加入少许白糖，外面用糯米粉搓成圆形，煮熟后，吃起来香甜软糯，回味无穷。同时，汤圆象征合家团圆美满，吃汤圆也意味着在新的一年里合家幸福、团团圆圆，所以是正月十五元宵节的必备美食。

（3）年糕

年糕，中国汉族的传统食物，属于农历新年的应时食品。年糕是用大米或糯米，煮成饭用打制或水磨成粉后压制而成的糕，在春节，我国很多地区都有吃年糕的风俗。年糕有红、黄、白三色，象征金银，年糕又称“年年糕”，与“年年高”谐音，寓意着小孩身高一年比一年高。所以前人有诗称年糕：“年糕寓意稍云深，白色如银黄色金。年岁盼高时时利，虔诚默祝望财临。”公元6世纪的食谱《食次》记载了当时年糕——“白茧糖”的制作。北方吃年糕比较少，南方依然兴盛。

（4）春卷

春卷，又称春饼、春盘、薄饼。是中国民间节日的一种传统食品，流行于中国各地，在江南等地尤盛。在中国南方，过春节不吃饺子，吃春卷和芝麻汤圆。并且在漳州一带清明时节也吃春卷，民间除供自己家食用外，还常用于待客。春卷历史悠久，由古代的春饼演化而来。

百节年为首、四季春为先，春节是中华民族最隆重的传统佳节。受到中华文化的影响，世界上一些国家和地区也有庆贺新春的习俗。据不完全统计，已有近20个国家和地区把中国春节定为整体或者所辖部分城市的法定节假日。春节与清明节、端午节、中秋节并称为中国四大传统节日。春节民俗经国务院批准列入第一批国家级非物质文化遗产名录。

（二）中秋节

中秋节又称祭月节、月光诞、月夕、秋节、仲秋节、拜月节、月娘节、月亮节、团圆节等，是中国民间的传统节日。中秋节源自天象崇拜，由上古时代秋夕祭月演变而来。中秋节的意义是团圆庆贺。在这一节日中，团圆文化蕴含着敬老孝亲的美德，这构成了中秋文化的一个重要方面。

中秋食俗：中秋节这一天人们都要吃月饼以示“团圆”。月饼，又叫胡饼、宫饼、月团、丰收饼、团圆饼等，是古代中秋祭拜月神的供品。据史料记载，早在三千年前的殷周时代，民间就已有为纪念太师闻仲的“边薄心厚太师饼”。汉代张骞出使西域，引入胡桃、芝麻等，出现了以胡桃仁为馅的圆形“胡饼”。相传唐高宗时，李靖出征匈奴，于中秋节凯旋，当时恰有一个吐蕃商人进献胡饼，李渊很高兴，手拿胡饼指着当空的皓月说：“应将胡饼邀蟾蜍（月亮）。”随后分给群臣食之。若此说确实，这可能是中秋节分食月饼的开始。但“月饼”一词，最早是见于南宋吴自牧的红菱饼。月饼是圆的，且被赋予团圆之意的时代是明朝，刘侗《帝京景物略》说：“八月十五日祭月，其祭果饼必圆。”田汝成《西湖游览志余》说：“八月十五谓之中秋，民间又以月饼相遗，取团圆之义。”中秋节俗源头久远，中秋节俗贴近了民生的需要，正是三秋大忙季节，民众把秋季的节俗都集中到中秋，使中秋成为四季庆赏的大节之一。拜月、赏月、团圆庆贺是传统中秋节俗的核心，及在当今社会依然具有满足民众生活需要的现实意义。

（三）端午节

端午节，又称端阳节、龙舟节、重午节、重五节、天中节等，日期在每年农历五月初五，是集拜神祭祖、祈福辟邪、欢庆娱乐和特色饮食为一体的民俗大节。端午节源于自然天象崇拜，由上古时代祭龙演变而来。仲夏端午，苍龙七宿飞升于正南中央，处在全年最“中正”之位，正如《易经·乾卦》第五爻：“飞龙在天”。端午是“飞龙在天”吉祥日，龙及龙舟文化始终贯穿在端午节的传承历史中。端午节是流行于中国以及汉字文化圈诸国的传统文化节日，传说战国时期的楚国诗人屈原在五月初五跳汨罗江自尽，后人亦将端午节作为纪念屈原的节日。也有纪念伍子胥、曹娥及介子推等说法。端午节的起源融合了古老星象文化、人文哲学等元素，蕴含着深邃丰厚的文化内涵，在传承发展中吸纳了多种民俗。各地因地域文化不同又存在着习俗内容或细节上的差异。

端午节原为“恶日”，但自宋代开始，许多风俗有了新变化。“葵榴斗艳，栀艾争香，角黍包金，菖蒲泛玉”描写的正是端午时节那“递相宴赏”、及时行乐的佳节景象。到了现代，赛龙舟成为端午节的一项重要活动，在中国南方地区十分流行，尤其是广东地区，广东地区称之为“扒龙船”。它最早是古越族人祭水神或龙神的一种祭祀活动，其起源有可能始于原始社会。赛龙舟历史悠久，已流传两千多年，是中国民间传统水上体育娱乐项目，是多人集体划桨竞赛。传到国外后，深受各国人民的喜爱并形成了国际比赛。

中国的传统节日历来在各种文艺作品中绽放着独特的魅力，我们这一单元就选了《边城》《故乡的榕树》《元日》《水调歌头》，来展现我们博大精深的传统文化，体会劳动人民的智慧和节日的幸福感，从而更加热爱我们的传统文化。《边城》细致描绘了端午节日，融入了端午习俗，主人公的寄托和相思，淳朴的民风也在字里行间飘荡。《故乡的榕树》中的老榕树是故乡人民的精神依托，是乡里乡亲的温暖和和煦，是茶余饭后的悠闲，更是大家对平安的祈祷和寄托——“平安树”。《元日》的作者通过描述欣欣向荣的春节民俗展现了喜悦，营造了一片祥和的氛围。《水调歌头》借中秋的民俗，表达作者对弟弟及其他亲人的思念，“但愿人长久，千里共婵娟”的美好祝愿至今仍在触动着游子的心。

中国的传统节日，融合了神话传说，天文、地理、数学、历法等人文与自然文化内容，形式多样，内容丰富，是中国悠久的历史文化的集中体现。

这些传统节日是不是勾起了你满满的回忆呢？

二　民俗风情

（一）榕树的民间习俗

在闽台地区的百姓心中，榕树最具灵气，最能福荫乡人。村头巷尾多植榕树，有无榕不成村之说。新春佳节，采榕枝扎彩门；端午节用榕枝蘸雄黄酒，喷洒庭院驱除五毒；为老人祝寿，献上榕树盆景；向亲友贺婚，礼品上放一枝粘红纸的榕枝；老人寿终，用榕枝扎制花圈；还有一个禁忌，烧柴绝不能用榕枝。在我国台湾少数民族地区，村口往往植有榕树，意为神灵降临的地方。

金秋季节，福州裴仙宫要为“宫内第一榕”过古榕节，古榕树上披着大红寿字，两边对联：胜地清风盖万里，古树美景著千秋。许多市民来到古榕树下，为其祝寿。民俗爱好者身穿汉服，演绎“三献”仪式，气氛隆重热烈。在乡下的祖庙和神祇所在，多有榕树在旁，每逢过节，要把红布条挂在榕树身上，善男信女顶礼膜拜，或求子赐福，或祈求一方平安，形成特有的崇榕文化习俗。

在闽南和我国台湾地区，端午节这天，家家户户要在大门上插榕枝，称插榕青。福建东山铜陵一户人家，大门上布满榕根。原来祖上在大门缝隙插榕枝避邪，日久年长，形成如今的榕门。闽南妇女还习惯把榕枝插在头上避邪。家中若有病人，门楣上也挂上有红布条的榕枝，示意内有病人，谢绝入内，让病人静心调养，也避免交叉感染。

福州永泰春光村古榕树群　黄海摄

（二）湘西土家族、苗族的民俗风情

湘西风情是湘西地区的一抹嫣红，成为湘西别样的风景。

走进湘西，就仿佛走进了奇诡玄幻的秘境，浓郁的民族风情扑面而来。

湘西人民带着一种遗世独立的雄奇和风韵，穿过历史的丛林，遵循祖先的遗训，守候民族的文化，点燃民俗节庆的焰火，敲响欢快的迎宾锣鼓，唱着悠扬婉转的歌谣，跳着原始的舞蹈，披着色彩绚丽的土家织锦，戴着银光熠熠的苗族银饰。五彩斑斓的湘西风情让人目不暇接。

湘西的社会发展经历了自然采集、狩猎、捕鱼的原始生产阶段，岁月悠悠，湘西先民们从原始的采集走向渔猎，走向畜牧，完成了社会生产自身进化的初级阶段。加之其环境复杂自然，故其原始的生产阶段中，就开始形成独特的渔猎和畜牧文化，演绎着从原始经济走向农村经济的发展历程。

随着社会生产的发展，社会分工的完善，人类开始从单纯的经济生产发展到手工艺生产，于是，便开始出现了一些专门的生产作坊。湘西的生产作坊出现的历史不长，大约在汉唐之际，才逐渐兴起。其中尤以加工粮油的榨坊、碾坊、磨坊、礁坊，生产其他所需品的造纸坊、染布坊、酒坊等最具代表性。

传统手工艺人工作场景

加工粮油的生产作坊

湘西土家族苗族自治州，湖南省辖自治州，地处湖南省西北部，位于湘鄂渝黔四省市交界处，北接湖北省，西与重庆市为邻，西南与贵州省接壤。行政区域总面积1.55万平方千米，辖1个县级市，7个县。州人民政府驻吉首市人民北路58号。截至2023年年末，湘西土家族苗族自治州常住人口为243.2万人，城镇化率53.93%

苗族服饰绚丽多彩，富有浓郁的民族特色。古时，男女都是“色彩斑纹布”，上身穿花衣，着百褶裙，头蓄长发，包赭色头帕，穿船形双鼻绣花鞋，佩戴银饰。清代“改土归流”后，男子逐渐以裤代裙，裤管短而宽，穿土产花格子对襟衣。老年人裹黑布头巾，打绑腿、束腰带。妇女服装更为精致，胸前、袖口和裤筒滚边绣花，过腰大而长，袖大而短，皆系满襟，没有衣领。衣服有琵琶襟、套襟、四角挖云、四叉式之分，但也有两臂皆白上衣，短马褂，下穿长裙，长裙青红相间，形成独特的色彩。亦有绣花卉者，上衣下裙以层数多者为美。

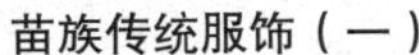

苗族传统服饰（一）

苗族传统服饰（二）

吊脚楼为湘西各族人民的一种传统建筑形式，又称“吊楼子”。吊脚楼为山野式“楼阳台”，单檐悬挑，屋面反翘，名“飞檐”，通风向阳，干爽清新。有与正屋成一字形的，也有成90° 直角形的。吊脚楼外设走廊，二面称“转角楼”，三面称“走马楼”。栏杆多花格，县柱称“吊瓜”或为六陵、八棱，或雕成球形、金瓜形。柱、防还雕有龙凤、喜鹊、花卉等。民间吊脚楼上多为闺房、卧室或织锦、打花之处，底层为谷仓、柴房，也有的底层下临溪流，泉水叮咚，别有情趣。山寨吊脚楼掩映在绿树翠竹中，富有大自然风光之美。湘西州部分镇临河民居也建有吊脚楼，如吉首峒河街、凤凰沱江沿岸、王村古镇、茶洞边城及龙山洗车河等，历来都引起中外旅游者的极大兴趣。

土家族婚姻习俗有着鲜明的民族特色，据史载资料，唐宋以降，有“同姓为婚，婚嫁不用轿，背负新人，男女混杂”的婚姻现象，“改土归流”后始行父母之命，媒妁之言，并用花轿迎接。其过程是出嫁前有“哭嫁”，迎亲时有“拦门”“找莫毕”“抢蒙帕”“拦轿断煞”“踏门槛”“过七星灯”“抢床”等习俗，其中依然还隐含着原始的族内婚、抢婚的遗迹。

湘西苗族婚俗的历史发展轨迹与土家族有许多相似之处，婚姻比较自由，多以歌为媒，其婚恋的“跳月”习俗，不绝于史载。“改土归流”后，婚俗有了改变，“媒妁之言，父母之命”成为其主流。然而，仍然不少苗家山寨坚持“以歌为媒”，其婚恋的“边边场”习俗直到20世纪80年代仍然广泛流传，形成了一道独具特色的婚姻风景线。

综合实践活动

寻找民俗文化　感受民俗风情

家（故）乡是我们精神和心灵的寄托和归宿，而故乡、乡情也是文学作品永恒的主题，这些作品往往都被放在了故乡民俗和故土环境中，人物形象也是故乡的缩影，搜集体现这类题材的文字或者诗词，尤其是赞颂自己家乡的作品，整理成册或者制作成一个网页，将这些作品让大家共享。

在完成大的网页后，我们作为日照人从端午节的吃、穿、用等普通的活动中寻找家乡的端午民俗，用笔记录下我们寻访的痕迹，然后汇成文字，表达对我们家乡的热爱和民俗的传承。

要求：

1.每人制作一张手抄报，要求体现传统的端午节日。

2.可以穿上汉服或带有中华传统文化元素的服饰外出游玩拍照。

3.和家人互动体验中华传统游戏，如对弈、投壶、学写毛笔字等，拍照集合。

4.挑选一个或多个传统节日，并向家长讲解文化背景及其深刻内涵。

第四单元

体会舌尖上的中国——品味饮食文化

一碗汤喝尽一个时代的味道，一箸菜品出一个地方的文化。

传统美食，不仅是味蕾上的一点滋味，更是国人在饮食中积累的丰富经验、千差万别的饮食习惯和独特的味觉审美以及上升到生存智慧层面的东方生活价值观。梁实秋笔下的狮子头，汪曾祺笔下的过桥米线，霍达的火锅，邓友梅的豆汁儿，王世襄的鳜鱼宴……名家与名吃总是有不解之缘。这些纸上的名吃，有着浓厚的人文气息，淡雅，精致，不仅是对味觉的文字回忆，还能使读者品味到华夏美食的精华和千年的文化底蕴。

本单元选取了《诗经》中的《小雅·鹿鸣》、汪曾祺的《端午的鸭蛋》、陈忠实的《过年：家乡圆梦的炮声（节选）》三篇文章，我们从《小雅·鹿鸣》欢快的宴饮气氛中，看到了宾主之间互敬互融的情状，从汪曾祺的小小咸鸭蛋里品出了生活的滋味，从陈忠实的“腊八面”“过年馍”中品出了中国节日习俗的温馨和美好。美食不仅能解一时之馋，更能珍藏于书架，让我们时时细品美食背后隽永的文化。

文本选读

一　小雅·鹿鸣

阅读提示

饮食本身就是一种文化，也是用来传承文化的一种载体，我们的饮食文化深深蕴藏在悠久的中华文化中。《鹿鸣》是《小雅》中的第一篇，用赋、比、兴的手法，反复咏唱讲述了王者宴请群臣的场面，全诗三章，每章八句，开头皆以鹿鸣起兴，自始至终洋溢着欢快的气氛，体现了殿堂上嘉宾的琴瑟歌咏以及宾主之间的互敬互融之情状。

周朝的宴饮，既有贵族享乐的成分，也是礼乐文化的展现。在宴饮仪式中，主人要先向宾客敬酒，叫作献；接着客人还敬主人，叫作酢；主人必须先喝了酒，再劝客人饮，这叫作酬。献酬之后，主人送礼物给客人，众宾客也要按照长幼的次序相酬。如果谁在宴饮中放纵狂饮、喝醉酒了，那可是会被嘲笑的喔。宴饮，实际上是通过揖让有节的酬酢来培养人内在的道德风范。

呦呦[①]鹿鸣，食野之苹[②]。我有嘉宾，鼓瑟吹笙。吹笙鼓簧[③]，承筐是将[④]。人之好我，示我周行[⑤]。

呦呦鹿鸣，食野之蒿[⑥]。我有嘉宾，德音孔昭[⑦]。视民不恌[⑧]，君子是则[⑨]是效。我有旨[⑩]酒，嘉宾式燕以敖[⑪]。

呦呦鹿鸣，食野之芩[⑫]。我有嘉宾，鼓瑟鼓琴。鼓瑟鼓琴，和乐且湛[⑬]。我有旨酒，以燕乐嘉宾之心。

注释

①呦（yōu）呦：鹿的叫声。朱熹《诗集传》："呦呦，声之和也。"

②苹：藾蒿。陆玑《毛诗草木鸟兽虫鱼疏》："藾蒿，叶青色，茎似箸而轻脆，始生香，可生食。"

③簧：笙上的簧片。笙是用几根有簧片的竹管、一根吹气管装在斗子上做成的。

④承筐：指奉上礼品。毛传："筐，篚属，所以行币帛也。"将：送，献。

⑤周行（háng）：大道，引申为大道理。

⑥蒿：又叫青蒿、香蒿，菊科植物。

⑦德音：美好的品德声誉。孔：很。

⑧视：同"示"。恌：同"佻"。

⑨则：法则，楷模，此作动词。

⑩旨：甘美。

⑪式：语助词。燕：同"宴"。敖：同"遨"，嬉游。

⑫芩（qín）：草名，蒿类植物。

⑬湛（dān）：深厚。《毛传》："湛，乐之久。"

拓展练习

1.结合你所查找的资料，说说这首宴饮诗表现出怎样的饮食文化和礼乐文明。

2.请大家自行组队，利用图书馆或网络，收集整理《诗经》中反映饮食文化的文学作品，课下进行交流。

二　端午的鸭蛋[①]

汪曾祺

阅读提示

文中汪曾祺先生写鸭蛋、叙民俗、谈文化，在平实的生活中发现诗意的美，在小小咸鸭蛋里尝出生活的滋味，感受到美食背后的文化意味和浓郁的民俗风情。文章叙述了作者家乡端午节的一些风俗，着重介绍了家乡的美食高邮鸭蛋的特色，流露出对家乡由衷的热爱。作者笔下的日常生活富含生活情趣、人生意味。生活中并不总是惊涛骇浪，只有充分感受生活中的种种快乐、悲苦、平淡以及诗意，我们才算真实地体验到生活的滋味。

从写作手法上，先浓墨重彩地描绘出“端午”的气氛，就为文章的主题“鸭蛋”预设了一个合理的背景，为下文“鸭蛋”的出现做了铺垫，使文章语言显得过渡自然，行文闲适自由，语言雅俗共赏，趣味盎然。

家乡的端午，很多风俗和外地一样。系百索子。五色的丝线拧成小绳，系在手腕上。丝线是掉色的，洗脸时沾了水，手腕上就印得红一道绿一道的。做香角子。丝丝缠成小粽子，里头装了香面，一个一个串起来，挂在帐钩上。贴五毒。红纸剪成五毒[②]，贴在门槛上。贴符。这符是城隍庙送来的。城隍庙的老道士还是我的寄名[③]干爹，他每年端午节前就派小道士送符来，还有两把小纸扇。符送来了，就贴在堂屋的门楣[④]上。一尺来长的黄色、蓝色的纸条，上面用朱笔画些莫名其妙的道道，这就能辟邪么？喝雄黄酒[⑤]。用酒和的雄黄在孩子的额头上画一个王字，这是很多地方都有的。有一个风俗不知别处有不：放黄烟子。黄烟子是大小如北方的麻雷子的炮仗，只是里面灌的不是硝药[⑥]，而是雄黄。点着后不响，只是冒出一股黄烟，能冒好一会。把点着的黄烟子丢在橱柜下面，说是可以熏五毒。小孩子点了黄烟子，常把它的一头抵在板壁上写虎字。写黄烟虎字笔画不能断，所以我们那里的孩子都会写草书的“一笔虎”。还有一个风俗，是端午节的午饭要吃“十二红”，就是十二道红颜色的菜。十二红里我只记得有炒红苋菜[⑦]、油爆虾、咸鸭蛋，其余的都记不清，数不出了。也许十二红只是一个名目，不一定真凑足十二样。不过午饭的菜都是红的，这一点是我没有记错的，而且，苋菜、虾、鸭蛋，一定是有的。这三样，在我的家乡，都不贵，多数人家是吃得起的。

我的家乡是水乡。出鸭。高邮大麻鸭是著名的鸭种。鸭多，鸭蛋也多。高邮人也善于腌鸭蛋。高邮咸鸭蛋于是出了名。我在苏南、浙江，每逢有人问起我的籍贯[⑧]，回答之后，对方就会肃然起敬[⑨]：“哦！你们那里出咸鸭蛋！”上海的卖腌腊的店铺里也卖咸鸭蛋，必用纸条特别标明：“高邮咸蛋”。高邮还出双黄鸭蛋。别处鸭蛋也偶有双黄的，但不如高邮的多，可以成批输出。双黄鸭蛋味道其实无特别处。还不就是个鸭蛋！只是切开之后，里面圆圆的两个黄，使人惊奇不已。我对异乡人称道高邮鸭蛋，是不大高兴的，好像我们那穷地方就出鸭蛋似的！不过高邮的咸鸭蛋，确实是好，我走的地方不少，所食鸭蛋多矣，但和我家乡的完全不能相比！曾经沧海难为水[⑩]，他乡咸鸭蛋，我实在瞧不上。袁枚[⑪]的《随园食单·小菜单》[⑫]有“腌蛋”一条。袁子才这个人我不喜欢，他的《食单》好些菜的做法是听来的，他自己并不会做菜。但是《腌蛋》这一条我看后却觉得很亲切，而且“与有荣焉”。文不长，录如下：

腌蛋以高邮为佳，颜色细而油多，高文端公最喜食之。席间，先夹取以敬客，放盘中。总宜切开带壳，黄白兼用；不可存黄去白，使味不全，油亦走散。

高邮咸蛋的特点是质细而油多。蛋白柔嫩，不似别处的发干、发粉，入口如嚼石灰。油多尤为别处所不及。鸭蛋的吃法，如袁子才所说，带壳切开，是一种，那是席间待客的办法。平常食用，一般都是敲破“空头”用筷子挖着吃。筷子头一扎下去，吱——红油就冒出来了。高邮咸蛋的黄是通红的。苏北有一道名菜，叫作“朱砂豆腐”，就是用高邮鸭蛋黄炒的豆腐。我在北京吃的咸鸭蛋，蛋黄是浅黄色的，这叫什么咸鸭蛋呢！

端午节，我们那里的孩子兴挂“鸭蛋络子[13]”。头一天，就由姑姑或姐姐用彩色丝线打好了络子。端午一早，鸭蛋煮熟了，由孩子自己去挑一个，鸭蛋有什么可挑的呢？有！一要挑淡青壳的。鸭蛋壳有白的和淡青的两种。二要挑形状好看的。别说鸭蛋都是一样的，细看却不同。有的样子蠢，有的秀气。挑好了，装在络子里，挂在大襟[14]的纽扣上。这有什么好看呢？然而它是孩子心爱的饰物。鸭蛋络子挂了多半天，什么时候孩子一高兴，就把络子里的鸭蛋掏出来，吃了。端午的鸭蛋，新腌[15]不久，只有一点淡淡的咸味，白嘴吃也可以。

孩子吃鸭蛋是很小心的。除了敲去空头，不把蛋壳碰破。蛋黄蛋白吃光了，用清水把鸭蛋壳里面洗净，晚上捉了萤火虫来，装在蛋壳里，空头的地方糊一层薄罗[16]。萤火虫在鸭蛋壳里一闪一闪地亮，好看极了！

小时读囊萤映雪[17]故事，觉得东晋的车胤[18]用练囊[19]盛了几十只萤火虫，照了读书，还不如用鸭蛋壳来装萤火虫。不过用萤火虫照亮来读书，而且一夜读到天亮，这能行么？车胤读的是手写的卷子，字大，若是读现在的新五号字，大概是不行的。

注释

①选自《汪曾祺全集》第4卷《人间草木》。

②五毒：说法不一，一说指蝎子、蛇、蜈蚣、壁虎、蟾蜍五种毒虫。

③寄名：旧俗幼童认僧尼为师而不出家，或认他人作义父母以求长寿。

④门楣（méi）：门框上的横木。

⑤雄黄酒：用研磨成粉末的雄黄泡制的白酒或黄酒，汉民族传统节日端午节的饮品。

⑥硝药：指火药，炸药的一类。主要用作引燃药或发射药，中国古代四大发明之一。

⑦苋（xiàn）菜：苋科，苋属一年生草本植物。

⑧籍贯：祖居或个人出生的地方。

⑨肃然起敬：形容产生严肃敬仰的感情。

⑩曾经沧海难为水：出自《孟子·尽心上》，意译为，曾经到过沧海，看到别处的河流也就不足为顾了。后人引用多喻指对爱情的忠诚，说明非伊莫属，爱不另与。

⑪袁枚：清代诗人、散文家。字子才，号简斋，汉族，钱塘（今浙江杭州）人。

⑫《随园食单·小菜单》：古代中国烹饪著作。

⑬络子：依照所装的物件的形状，用线结成的网状的小袋子。

⑭大襟：纽扣在一侧的中装的前面部分，通常从左侧到右侧，盖住底襟。

⑮腌（yān）：把鱼、肉、蛋、蔬菜、果品等加上盐、糖、酱、酒等。

⑯薄罗：薄薄的罗纱。

⑰囊萤映雪：囊萤和映雪分别指晋朝车胤和孙康利用萤火虫的光和雪的反光刻苦读书的故事。囊萤，用口袋装萤火虫。映雪，用雪的反光。

⑱车胤（yìn）：字武子，南平新（今湖南津市）人。东晋大臣。

⑲练囊：用一种白色的绢做成的口袋。

拓展练习

1. 每年的农历五月初五是我们中华民族的传统节日端午节。回忆一下过去，你们有没有祈盼过端午节，有没有盼望过端午节的美食。说说本地的端午节都有些什么特色美食。

2. 了解本地的其他节日民俗，写一篇练笔。

三　过年：家乡圆梦的炮声（节选）[1]

陈忠实

阅读提示

本文是一篇风俗志散文，作者用雅俗共赏的文学语言，描绘了一幅关中地区春节的民俗画卷，表现春节的隆重与热闹，展示了中国节日习俗的温馨和美好，表达了作者对传统文化的喜爱之情。并通过描写鞭炮的响声，肯定了新风尚，歌颂了新社会。

此文较为成功地将普通话与方言土语相结合，有效地为作品增加了地方特色；还运用了诸多口语化的句子，就像同读者拉家常、讲故事一样亲切自然。语言生动活泼，又有浓郁的地方色彩，是文章的又一个特色。

交上农历腊月，在冰雪和凛冽的西风中紧缩了一个冬天的心，就开始不安生地蹦跳了。

腊月初八吃“腊八”，在用大米熬烧的稀饭里煮上手擀[2]的一指宽的面条，名曰“腊八面”，不仅一家大小吃得热气腾腾，而且要给果树吃。我便端着半碗腊八面，先给屋院过道里的柿子树吃，即用筷子把面条挑起来挂到树枝上，口里诵唱着“柿树柿树吃腊八，明年结得疙瘩瘩”。随之下了门前的塄坎[3]到果园里，给每一棵沙果树、桃树和木瓜树的树枝上都挂上面条，反复诵唱那两句歌谣。

到腊月二十三晚上，是祭灶神爷的日子，民间传说这天晚上灶神爷要回天上汇报人间温饱，家家都烙制[4]一种五香味的小圆饼子，给灶神爷带上走漫漫的上天之路作干粮，巴结他“上天言好事，入地降吉祥”。当晚，第一锅烙出的五香圆饼先献到灶神爷的挂像前，我早已馋得控制不住了，便抓起剩下的圆饼咬起来，整个冬天都吃着包谷面馍，这种纯白面烙的五香圆饼甭提有多香了。

臊子面

乡村里真正为过年忙活是从腊月二十开始的，淘麦子，磨白面，村子里两户人家置备的石磨，便一天一天都被预订下来，从早到晚都响着有节奏的却也欢快的摇摆罗柜的咣当声。轮到我家磨面的时候，父亲扛着装麦子的口袋，母亲拿着自家的木斗和分装白面和下茬面的布袋，我牵着自家槽头的黄牛，一起走进石磨主人家，从心里到脸上都抑制不住那一份欢悦。父亲在石磨上把黄牛套好，往石磨上倒下麦子，看着黄牛转过三五圈，就走出磨坊忙他的事去了。我帮母亲摇摆罗柜，或者吆喝驱赶偷懒的黄牛，不知不觉间，母亲头顶的帕子上已落下一层细白的粉尘，我的帽子上也是一层。

到春节前的三两天，家家开始蒸包子和馍，按当地风俗，正月十五之前是不能再蒸馍的，年前这几天要蒸够一家人半个多月所吃的馍和包子，还有走亲戚要送出去的礼包。包子一般分三种，有肉作馅的肉包和用剁碎的蔬菜作馅的菜包，还有用红小豆作馅的豆包。新年临近的三两天里，村子从早到晚都弥漫着一种诱人的馍的香味儿，自然是从这家那家刚刚揭开锅盖的蒸熟的包子和馍散发出来的。小孩子把白生生的包子拿到村巷里来吃，往往还要比一比谁家的包子白谁家的包子黑，无论包子黑一成或白一成，都是欢乐的。我在母亲揭开锅盖端出第一屉热气蒸腾的包子时，根本顾不上品评包子成色的黑白，抢了一个，烫得两手倒换着跑出灶房，站到院子里就狼吞虎咽[5]起来，过年真好！天天过年最好。

馍

对于幼年的我来说，最期盼的是尽饱吃纯麦子面的馍、包子和用豆腐黄花韭菜肉丁作臊子[6]的臊子面，吃是第一位的。再一个兴奋的高潮是放炮，天上满是星斗，离太阳出来还早得很，那些心性要强的人就争着放响新年第一声炮了。那时候整个村子也没有一只钟表，争放新年第一炮的人坐在热炕头，不时下炕走到院子里观看星斗在天上的位置，据此判断旧年和新年交接的那一刻。

我的父亲尽管手头紧巴，炮买得不多，却是个争放新年早炮的人。我便坐在热炕上等着，竟没了瞌睡，在父亲到院子里观测过三四次天象以后，终于说该放炮了，我便跳下炕来，和他走到冷气沁骨的大门外，看父亲用火纸点燃雷子炮，一抡胳膊把冒着火星的炮甩到空中，发出一声爆响，接连着这种动作和大同小异的响声，我有一种陶醉的欢乐。

我突然明白过来，农民圆了千百年的梦——吃饱了！就是在这一年里，土地下户给农民自己作务，一年便获得缸溢囤满的丰收，从年头到年尾只吃纯粹的麦子面馍了，农民说是天天都在过年。这炮声在中国灞河两岸此起彼伏经久不息地爆响着，是不再为吃饭发愁的农民发自心底的欢呼。我在那一刻竟然发生心颤，这是家乡农民集体自发的一种表述方式，是最可靠的，也是"中国特色"的民意表述，世界上再也找不到可以类比的如同排山倒海的心声表述了。

注释

①选自《党建》2013年第2期。

②擀（gǎn）：指用棍棒碾轧；来回细擦、细抹。

③塄（léng）坎（kǎn）：意思为田地边上的坡儿和田埂子。

④烙（lào）制：意思是通过金属受热后的热传导进行生坯成熟的制作方法。

⑤狼吞虎咽：形容吃东西又猛又急的样子。

⑥臊（sào）子：指剁好的肉末或切好的肉丁。

拓展练习

一、文中说鞭炮响起来便有了过年的味道。请联系自己过年的体验，发挥你的想象，说一说你对"年的味道"的理解。

二、你知道当地过年在饮食方面的习俗都有哪些？请教一下身边的人说说现在过年的饮食习俗跟以前有什么不同的地方。

三、你知道有哪些旧的年俗因为时代的变化而发生了改变，或随着时代的发展出现了哪些新年俗吗？请写一写吧！（说明旧年俗的变化之处及原因或新年俗形成的原因）

知识链接

各具特色的中国地方饮食文化

中国地大物博，疆域辽阔，人口众多，饮食口味之杂，堪称世界之冠，有“南甜北咸、东辣西酸”之说，在一定程度上反映了我国饮食文化的地区差异，它是在长期的民族发展中形成的，既具有一定的共性，又因不同的地理气候环境、经济发展水平、生产生活条件等，形成的具体特点。

我国有56个民族，每个民族都有自己的对餐饮的独特爱好与讲究，总的来说可以概括为南甜、北咸、东辣、西酸。江南人喜清淡、甜咸、爽口，讲究营养，乐于质高量小；西北人爱吃带有酸口、牛羊肉和经济实惠的菜肴；东北人爱吃肥而不腻，脂肪多的菜肴，一般菜量较大。

京酱肉丝

东北人的主要饮食习惯是：多吃杂粮，除大米、白面、小米、玉米、高粱外，还喜食杂有豆类的二米饭，喜食鱼虾、野味，嗜好肥、腥、膻，重油偏咸，并喜用拌、蘸食法。大酱和酱制品、酸菜、腌菜是东北地区重要的佐餐食品。

河北人的主要饮食习惯是：农闲季节一日两餐，主食以面粉、杂粮为主，副食则包括猪、牛、羊肉以及蛋、禽、菜、鱼等。口味偏咸，重油重色，与京津无大差异。“杂”是河北饮食习俗的显著特点，其具有五花八门的饮食习惯。

山西人的主要饮食习惯是：一日三餐，基本上是早饭稠，午饭好，晚饭稀，重主食，轻副食。主食以面和小米为主，素有“一面百样吃”的美誉。一般口味喜咸中带酸，醋是山西人常用的调料。

山西面食

苏南人的主要饮食习惯是：口味上喜清淡、甜咸、爽口，讲究营养，普遍喜食新鲜、细嫩食物，少食辛辣之物。

浙江人的主要饮食习惯是：口味以滑嫩爽口、糯而不腻、清淡纯鲜为主，酸辣次之。主食以米为主，辅以玉米、番薯等杂粮，部分地区有一日四餐的习惯。饮食习惯具有本地特色且多样，湖州、嘉兴一带人，喜吃鱼、虾、黄鳝。

湖南人的主要饮食习惯是：一日三餐多以大米为主食，较少食用面食。湖南人普遍嗜辣，且喜食苦味食品，口味多为辣、苦、酸、咸适中，对川菜、鲁菜也多能接受。

江西人的主要饮食习惯是：大部分地区一日三餐以大米为主，辅以甘薯和米粉，且甘薯的吃法很多，米的吃法也很讲究。发糕、灯芯糕、煨牛肉月饼等饼糕是江西人最爱吃的主食。同时喜食各种水产品、鸡、鸭、狗肉和豆制品。习惯食用味浓油重、稠芡厚汁、鲜咸香辣、主料突出的整鸡、整鸭、整鱼和整块的猪前腿肉。

广东人的主要饮食习惯是：以大米为主食，面食只作调剂。“一日三餐，先茶后饭”是广东食俗的一大特色。喜食杂食，很多食材都敢吃。副食不仅食猪肉、牛肉、羊肉、家禽、海鲜，还吃鼠、蛇、虫等。广东人一般口味喜清鲜，以甜为主，酸辣次之，并讲究吃时菜。

广式点心

中国饮食文化绵延170多万年，分为生食、熟食、自然烹饪、科学烹饪4个发展阶段，推出了6万多种传统菜点、2万多种工业食品、五光十色的筵宴和流光溢彩的风味流派，获得“烹饪王国”的美誉。

从内涵上看，中国的饮食文化涉及食源的开发与利用、食具的运用与创新、食品的生产与消费、餐饮的服务与接待、餐饮业与食品业的经营与管理，另外，饮食与国泰民安、饮食与文学艺术、饮食与人生境界也有深厚的关系。

石锅盛宴

从外延看，中国的饮食文化可以从时代与技法、地域与经济、民族与宗教、食品与食具、消费与层次、民俗与功能等多种角度进行分类，展示出不同的文化品位，体现出不同的使用价值，异彩纷呈。

从特质看，中国饮食文化突出养助益充的营卫论（素食为主，重视药膳和进补），并且讲究“色、香、味”俱全；五味调和的境界说（风味鲜明，适口者珍，有“舌头菜”之誉）；奇正互变的烹调法（厨规为本，灵活变通）；畅神怡情的美食观（文质彬彬，寓教于食）等四大属性，有着不同于海外各国饮食文化的特性。中国的饮食文化除了讲究菜肴的色彩搭配要美观如画外，还要搭配用餐的氛围产生的情趣，这是中华民族的个性与传统，更是中华民族传统礼仪的凸显方式。

从影响看，中国的饮食文化直接影响到日本、蒙古、朝鲜、韩国、泰国、新加坡等国家，是东方饮食文化圈的轴心；与此同时，它还间接影响到欧洲、美洲、非洲和大洋洲，像中国的素食文化、茶文化、酱醋、面食、药膳、陶瓷餐具和大豆等，惠及全世界数十亿人。

中国特色美食

总之，中国的饮食文化是一种广视野、深层次、多角度、高品位的悠久区域文化，是中华各族人民在100多万年的生产和生活实践中，在食源开发、食具研制、食品调理、营养保健和饮食审美等方面创造、积累并影响周边国家和世界的物质财富及精神财富。

综合实践活动

赓续饮食文化　增强民族自信

中国文化源远流长，中华文明博大精深。只有全面深入了解中华文明的历史，才能更有效地推动中华优秀传统文化创造性转化、创新性发展，更有力地推进中国特色社会主义文化建设，建设中华民族现代文明。对历史最好的继承就是创造新的历史，对人类文明最大的礼敬就是创造人类文明新形态。要共同努力创造属于我们这个时代的新文化，建设中华民族现代文明。学习饮食文化单元，开展“品尝中国美食，传承民族文化”语文综合实践，请完成以下任务。

一　梳理典籍中的饮食文化

在古代先秦时期人们都以遵守“周礼”为荣，并且以“周礼”为基础所衍生出来的饮食文化，也备受当时人们的推崇。在古代上层社会中，宴会其实也是体现饮食文化的一个方面。

在古代社会，一个人可以没有文化，但是千万不能无礼仪，否则不仅会受到大家的嘲笑，而且在社会中也无法立足。

以小组为单位，通过多种途径搜集《诗经》等典籍中关于饮食文化的典型篇章，分类整理，形成班级共享的资料库。

二　宣传饮食文化成就

身处新时代，我们不仅要了解古人在饮食文化方面的伟大成就，还要善于传承宣扬这些伟大成就，激励更多的中国人赓续中华文脉，坚定文化自信，增强民族自信心、自豪感。

以小组为单位，从班级共享的资料库中选取一个或几个大家感触较深的饮食文化成就，在班级和学校宣传。内容多元，形式多样。

三　举办饮食文化主题班会

习近平总书记指出，“我们要坚定文化自信，增强做中国人的自信心和自豪感。”殷殷嘱托，让我们的心里燃起了“一团火”，广大青年是连接现代人与历史的桥梁，要坚定不移听党话、跟党走，既仰望星空，又脚踏实地。当好中华优秀传统文化的守护者、传承者、弘扬者。青年们要更深入地学习理解中华饮食文明，“润物细无声”地把中华优秀传统文化传播好。

以班级为单位，搜集各民族不同的饮食习俗特点和民族特色饮食的制作方法等，召开一次主题班会。

第五单元

致敬工匠精神——践行匠心文化

匠是精雕细琢，巧夺天工，也可以是化繁就简，道法自然；入心、入魂，合于天道，方得始终。所谓“工匠精神”，其核心是：不仅是把工作当作赚钱的工具，而且是树立一种对工作执着、对所做的事情和生产的产品精益求精、精雕细琢的精神。注重工匠精神做产品专注、严谨，注重细节，要求极致完美，这才造就了产品的质量经得住考验。工匠精神是社会文明进步的重要尺度。

所谓匠心，往往意味着固执、缓慢和寂寞，而背后则蕴含着专注、技艺和对完美的追求。譬如独自揣摩精心苦练的歌者，譬如静心雕刻心无俗世的雕塑家，譬如心随针舞华线纷飞的绣娘……时光流转，初心不变。匠人们用传承技艺具象时间，只为与世人分享美好之物。

本单元选取了《庖丁解牛》《喜看稻菽千重浪》《“金手天焊”高凤林》三篇文章，从道法自然、游刃有余的庖丁，到扎根稻田、执着于杂交水稻研究的袁隆平，再到矢志报国、攻坚克难的“金手天焊”高凤林，无不体现着精益求精的工匠精神。匠人的精神、精细的雕刻、考究的搭配、惟妙惟肖的空间应用，这是一种品味，一种生活享受，更是一种生活态度。静静地欣赏，其实也是一种幸福。

一　庖丁解牛

庄　子

阅读提示

顺应自然，物我合一，本是道家的追求，庖丁以此为解牛之方，才使他由“技”进于“道”，达到炉火纯青、技艺超群的地步。“动刀甚微，謋然已解，如土委地”，这十二字是对庖丁解牛效果的描绘，方法对头，不仅牛解得快，刀子也不受损害。十九年来，解牛数千头，竟未换过一把刀，刀刃还是锋利如初。这当然是每月换一把刀的低级厨工所不可思议的。区别就在于他们求于“技”，而庖丁志于“道”。

庖丁解牛

庖丁[①]为文惠君[②]解牛[③]，手之所触，肩之所倚，足之所履，膝之所踦[④]，砉然[⑤]向然，奏刀騞然[⑥]，莫不中音。合于《桑林》[⑦]之舞，乃中《经首》之会[⑧]。

文惠君曰："嘻[⑨]，善哉！技盖[⑩]至此乎？"

庖丁释刀对曰："臣之所好者道也，进[⑪]乎技矣。始臣之解牛之时，所见无非牛者。三年之后，未尝见全牛也。方今之时，臣以神遇而不以目视，官知止而神欲行[⑫]。依乎天理[⑬]，批大郤[⑭]，导大窾[⑮]，因其固然[⑯]，技经肯綮之未尝[⑰]，而况大軱[⑱]乎！良庖岁更刀，割[⑲]也；族[⑳]庖月更刀，折[㉑]也。今臣之刀十九年矣，所解数千牛矣，而刀刃若新发于硎[㉒]。彼节者有间[㉓]，而刀刃者无厚；以无厚入有间，恢恢乎[㉔]其于游刃必有余地矣，是以十九年而刀刃若新发于硎。虽然，每至于族[㉕]，吾见其难为，怵然[㉖]为戒，视为止，行为迟，动刀甚微。謋[㉗]然已解，如土委地[㉘]。提刀而立，为之四顾，为之踌躇满志，善[㉙]刀而藏之。"

文惠君曰："善哉！吾闻庖丁之言，得养生[㉚]焉。"

注释

①庖（páo）丁：名"丁"的厨工。先秦古书往往以职业放在人名前。

②文惠君：即梁惠王，也称魏惠王。

③解牛：宰牛，这里指把整个牛体开剥分割。

④踦（yǐ）：支撑，接触。这里指用一条腿的膝盖顶牛。

⑤砉（xū）然：象声词。砉然，皮骨相离的声音。向，同"响"。

⑥騞（huō）然：象声词，形容比砉然更大的进刀解牛声。

⑦桑林：传说中商汤时的乐曲名。

⑧经首：传说中尧乐曲《咸池》中的一章。会：指节奏。以上两句互文，即"乃合于桑林、经首之舞之会"之意。

⑨嘻：赞叹声。

⑩盖：同"盍（hé）"，何，怎样。

⑪进：超过。

⑫官知：这里指视觉。神欲：指精神活动。

⑬天理：指牛的生理上的天然结构。

⑭批大郤：击入大的缝隙。批：击。郤：空隙。

⑮导大窾（kuǎn）：顺着（骨节间的）空处进刀。

⑯因：依。固然：指牛体本来的结构。

⑰技经：犹言经络。技，据清俞樾考证，当是“枝”字之误，指支脉。经，经脉。肯：紧附在骨上的肉。綮（qìng）：筋肉聚结处。技经肯綮之未尝，即“未尝技经肯綮”的宾语前置。

⑱軱（gū）：股部的大骨。

⑲割：这里指生割硬砍。

⑳族：众，指一般的。

㉑折：用刀折骨。

㉒发：出。硎（xíng）：磨刀石。

㉓节：骨节。间：间隙。

㉔恢恢乎：宽绰的样子。

㉕族：指筋骨交错聚结处。

㉖怵（chù）然：警惧的样子。

㉗謋（huò）：象声词。骨肉离开的声音。

㉘委地：散落在地上。

㉙善：揩拭。

㉚养生：指养生之道。

拓展练习

1.庄子的文章想象丰富奇特，语言运用自如，灵活多变，能把微妙难言的哲理写得引人入胜，被称为“文学的哲学，哲学的文学”。其作品收录于《庄子》一书，代表作有《逍遥游》《齐物论》《养生主》等。试阅读《佝偻者承蜩》，分析其中的寓意。

仲尼适楚，出于林中，见佝偻者承蜩，犹掇之也。

仲尼曰："子巧乎！有道邪？"

曰："我有道也。五六月累丸二而不坠，则失者锱铢；累三而不坠，则失者十一；累五而不坠，犹掇之也。吾处身也，若厥株拘；吾执臂也，若槁木之枝；虽天地之大，万物之多，而唯蜩翼之知。吾不反不侧，不以万物易蜩之翼，何为而不得！"

孔子顾谓弟子曰："用志不分，乃凝于神，其痀偻丈人之谓乎！"

2.庖丁解牛技艺之高实为罕见，你还知道古人有哪些高超本领呢？试搜集。例如木艺之祖鲁班。

鲁班锁

二　喜看稻菽千重浪

——记首届国家最高科技奖获得者袁隆平

沈英甲

阅读提示

袁隆平，一生致力于杂交水稻技术的研究、应用与推广，发明“三系法”籼型杂交水稻，成功研究出“两系法”杂交水稻，创建了超级杂交稻技术体系。30多个国家的总统、国王或部长会见了袁隆平，对其为国家和世界粮食安全保障作出的贡献均给予高度赞赏。

曾记否，到中流击水

2001年春节过后的第二天，湖南长沙马坡岭笼罩在薄雾之中，空中不时飘下雨点。袁隆平眯起双眼，出神地打量着这片几百亩大的试验田，然后跨过水渠，迈步走进田间。他蹲下身子翻看着土壤。

我跟随在他身后不禁产生了瞬间的错觉：这难道就是几天后就要赴京，领取由国家主席亲自签署、颁发的国家最高科技奖的科学家吗？他看上去更像一个地道的湖南农民，这使我想起了农民送给他的“泥腿子专家”、“泥腿子院士”的称谓。

挽起裤腿走下稻田，是人们从播种到收获季节见到的袁隆平最标准的“形象”。人们常提出的一个疑问是：中国的稻田里如何走出了袁隆平这样一位世界级的农业科学家？

中国在现在和将来相当长的岁月里，都将是一个农业大国，“民以食为天”的说法自古流传，到了当代，农民出身的毛泽东说，世界上什么事情最大，吃饭的事情最大。

五六十年代我国普遍发生的饥馑给袁隆平留下了刻骨铭心的印象。那时在湖南一所偏僻山村农校——湘西雪峰山麓的安江农校任教的青年袁隆平便下定决心，拚尽毕生精力用农业科技战胜饥饿。他在1960年发现“天然杂交稻株”的往事，注定要成为世界农业史上的经典事例。

那是1960年7月的一天，下课铃声响过之后，袁隆平拍去身上的粉笔灰尘，掖着讲义夹，匆匆来到校园外的早稻试验田。采用常规法培育出来的早稻常规品种正在勾头散籽，呈现一派丰收景象。袁隆平把讲义夹放在田埂上，连裤腿都没挽，就走下稻田一行行地观察起来。“突然，他那敏锐的目光停留在一蔸形态特异、鹤立鸡群的水稻植株上。他屏气静神地伸出双手，欣喜地抚摸着那可爱的稻穗，激动得几乎要喊出声来”！

杂交水稻之父袁隆平

这是一株奇特的稻禾，株形优异，穗大粒多，足有十余穗，每穗有壮谷一百六七十粒。袁隆平用布条扎上记号，从此格外精心地照顾这蔸稻禾。收获季节他得到了一把金灿灿的稻种。第二年春天，袁隆平把这些种子播种到试验田里，期待收获有希望的新一代稻种，因为系统选育（从一个群体品种中选择优良的变异单株）是一种主要的育种方法，当时许多优良的稻麦品种都是通过这种方法选育出来的。可是当秧苗发绿长高之后袁隆平发现，它们高的高，矮的矮，成熟得也很不一致，迟的迟，早的早，没有哪一蔸的性状超过它们的前代。

一种失望的情绪掠过袁隆平心头，但是对孟德尔、摩尔根遗传学有着深入研究的袁隆平进而想到，从遗传学的分离律观点看，纯种水稻品种的第二代是不会有分离的，只有杂种第二代才会出现分离现象。今年它的后代既然发生分离，那么可以断定去年发现的性状优异稻株是一株“天然杂交稻”的杂种第一代。

他返回试验田对那些出现分离的稻株进行研究，高的、矮的、早熟、迟熟……一一做了详尽记录。经过反复统计计算，袁隆平证明，这次发现完全符合孟德尔的分离规律。

袁隆平的实践让他发现了真理：既然去年那株“天然杂交稻”的杂种第一代长势这么好，充分证明水稻也存在明显的杂种优势现象；既然自然界客观存在“天然杂交稻”，只要探索出其中规律，就一定能培育出人工杂交稻，也就一定能把这种优势应用到生产上，从而大幅度提高水稻的产量。

后面我们将看到，袁隆平对真理的发现，使他不可避免地必须向国际知名的权威和他们的权威结论发起挑战，这种挑战之艰难往往使挑战者身心俱疲，落荒而去。

创新是科学家的灵魂和本质

有人说，袁隆平具有敢于挑战的勇气和信心。在他决定选择水稻杂种优势利用作为自己的攻关方向时，并不知道世界上已有美国、日本等国的科学家从事过研究，但没有成功。这无疑是一道世界难题。况且，他还得顶着研究水稻杂种优势利用是“对遗传学的无知”等权威学者的指责和压力。他根据自己的实践，以科学家的胆识和眼光断定杂交水稻研究具有光辉的前景，他决心义无反顾地坚持研究。

因为水稻是自花授粉作物，“自花授粉作物自交不衰退，因而杂交无优势”的论断明白无误地写在美国著名遗传学家辛诺特和邓恩的经典著作、五六十年代美国大学教科书《遗传学原理》中，由此有人嘲笑“提出杂交水稻课题是对遗传学的无知”。

在理论与事实发生矛盾时，袁隆平的态度是尊重权威但不崇拜权威，不能跟在权威后面亦步亦趋，不敢越雷池一步。他不迷信权威的每一个观点。他知道，根据自己直接观察到的一些事实表明水稻具有杂交优势，“无优势”论是没有试验依据的推论，这一推论与自交系的杂交优势现象相矛盾：玉米自交系继续自交不再引起衰退现象，但杂交能产生强大的优势。而天然的自花授粉植物品系（天然自交系）自交也不退化，为什么杂交却不能产生杂种优势呢？袁隆平坚信搞杂交水稻研究有前途，勇敢地向“无优势”论这一传统观念挑战，从而拉开了我国水稻杂种优势利用的序幕。

水稻

袁隆平认为，水稻的杂交优势利用只有两条路可走：一条是进行人工去雄，如果用人工去雄杂交，就得一朵花一朵花进行，产生的种子数量极为有限，不可能在生产上推广应用。再一条路就是培育出一个雄花不育的“母稻”，即雄性不育系，然后用其他品种的花粉去给它授粉杂交，产生出用于生产的杂交种子。然而国内外都没有这一先例，国际上有著名学者断言：不可能。还有学者认为，像水稻这样一朵花只结一粒种子的“单颖果作物”，利用杂种优势必然制种困难，无法应用于生产。在独立开展杂交水稻研究很长时间之后，袁隆平才从国外资料中了解到，早在1926年，美国的琼斯就发现了水稻雄性不育现象。最早开展这项研究的是日本的科学家，当时是50年代。此外美国、菲律宾的科学家也相继开始了这项研究。尽管实验手段先进，但都因这项研究难度确实太大，无法在生产中得到应用。

袁隆平不打算退却，他很清楚他拥有的有利条件是其他国家科学家少有的：进行这项研究，中国有中国的有利条件，中国是古老的农业国，又是最早种植水稻的国家之一，有众多的野生稻和栽培稻品种，蕴藏着丰富的种质资源；有辽阔的国土和充足的光温条件，海南岛是理想的天然温室，育种者的乐园；更重要的是我们有优越的社会主义制度，可以组织科研协作攻关；有党的正确领导，任何困难都可以组织力量克服。直到今天，袁隆平都对为攻克杂交水稻难关在全国13个省区的18个科研单位进行的科研大协作感慨不已，认为没有这样的大协作，杂交水稻研究决不会取得今天这样世界瞩目的成果。

1964年7月5日，“泥腿子专家”袁隆平又走进了安江农校的稻田，去寻找水稻的天然雄性不育株。他头顶烈日脚踩淤泥弯腰驼背去寻找这种天然雄性不育株，已是第16天了。突然他的目光停留在一棵雄花花药不开裂，性状奇特的植株上，这正是退化了的雄蕊。他马上把这株洞庭早籼天然雄性不育株用布条标记。袁隆平欣喜异常，水稻雄性不育植株，终于找到了。

两年后，袁隆平的一篇论文《水稻雄性不孕性》发表，它证明了袁隆平培育杂交水稻的理论设想是科学的，是切实可行的。袁隆平的发现，开创了世界水稻研究的新纪元，已经被证明残缺不全的陈旧理论从此被历史封存。

事实是科学家的空气

科学家是真理的侍者，是事实的追随者。袁隆平坚信实践能发现事实，发现真理，并能验证真理。他对中国亿万农民怀有深厚的感情，在国家杂交水稻工程技术研究中心的稻田中，他一边甩去手上的泥巴一边对我说，农民不富裕谈不到现代化，单产上不去农民就富不起来。现在我们试验田种的杂交稻每亩产700千克，农民种的亩产能达到800千克甚至更高，因为他们大量采用有机肥。还有比这更令他欣慰的事吗？

凡是涉及不顾农民利益，无视事实的事，他都能挺身而出毫不含糊地阐明事实，至于是不是得担风险，袁隆平在所不计。

前些年一家有影响的报纸在头版刊登了一篇贬斥杂交稻的文章，说杂交稻是“三不稻”——“米不养人，糠不养猪，草不养牛”。这种不顾事实的说法给农业科研人员和广大农民心头蒙上了阴影。袁隆平写了一封信寄给了人民日报，凭着他杰出的学识和无与伦比的实践，用事实说明“杂交稻既能高产又能优质”。1992年6月18日，人民日报在第二版刊登了袁隆平的来信。

信中，袁隆平用平和的语气，无可辩驳的事实说，最近社会上流传杂交稻米质太差，有人贬杂交稻为“三不稻”，说什么“米不养人，糠不养猪，草不养牛”。果真是这样吗？我想用事实来回答：我国是世界上第一个在生产上利用水稻杂种优势的国家，杂交稻比一般水稻每亩增产100千克左右。1976年—1991年全国累计种植杂交稻19亿多亩，增产粮食近2000亿千克。由此可见，杂交水稻的推广，对解决我国11亿人口的温饱问题发挥了极其重要的作用。目前，全国种植面积最大、产量最高的一个水稻良种“汕优63”是杂交稻。近几年的年种植面积都超过一亿亩，平均亩产稳定在500千克左右，不仅产量高而且品质好，被评为全国优质籼稻米。的确，在我国南方生产的稻谷中，有相当一部分米质较差，这主要是双季早稻。目前积压的稻谷以及历年来粮店出售的大米，大多数为这种早籼稻。他写道，双季晚稻和一季中稻一般品质较好，粮店偶尔出售这种稻米时，则出现排长队争购的现象。而杂交稻则占双季晚稻和中稻面积的80%左右，产量占90%以上。因此，说杂交稻属劣质米与事实不符。

袁隆平进而写道，其实，杂交稻、常规稻与任何其他农作物一样，品种不同，产量和品质是有差别的，有的甚至很悬殊。一般地说，大多数杂交稻品种的米质属于中等，其中也有个别杂交稻品种的米质较差，但绝不能以个别品种的优劣来概括一般。

就这样，袁隆平捍卫了事实也就是捍卫了真理。

对于不符合事实，严重违背科学规律的事情，袁隆平也以同样的胆识力排众议力挽狂澜。1993年湖南农村部分地区发生了盲目大面积推广未经品种审定的玉米稻的现象。所谓“玉米稻”有这么个来历：某农学院用幼芽浸泡法将玉米的DNA片段成功地导入了水稻，育成了具有某些玉米特征特性的玉米稻，取名“遗传工程稻”。针对玉米稻存在的较大缺点：株叶形态不好，植株松散，叶片宽长而披，不仅造成田间的通风透光条件不良，降低群体的光合效率，还严重限制了有效穗数的提高，实际产量并不高。为此袁隆平撰文“对大面积推广玉米稻要持慎重态度”，在这篇文章中，袁隆平郑重建议对此要持慎重态度，应严格按照推广农作物新品种的科学程序办事，绝不能急于求成，一定要先行小面积试种示范，待确证在当地能获得高产后，再大面积推广。湖南省农业厅以最快速度向全省有关部门发函，转发了袁隆平的这篇文章，及时避免了湖南农业生产的大滑坡，稳住了湖南的粮食总产量。

饥饿的威胁在退却

在一次电视台举办的活动上，主持人问作为特邀嘉宾参加活动的袁隆平是不是也做梦，梦见过什么?

袁隆平尽管是一位世界级的伟大科学家，同时也是一个凡人，当然要做梦。他高兴地回答：他曾经梦见水稻长得像高粱那么高，稻穗像扫帚那么大。真是日有所思夜有所梦，不过这极具夸张的梦想，正在走向现实。

1986年，袁隆平在总结国内外水稻杂种优势利用经验的基础上，根据已掌握的新材料，提出了杂交水稻育种的战略设想。在他的著名论文《杂交水稻育种的战略设想》中，科学地将杂交水稻育种分为“三系法为主的品种间杂种优势利用、两系法为主的籼粳亚种优势利用，再到一系法为主的远缘杂种优势利用”三个战略发展阶段。若将杂交稻强优组合的优势固定下来，就可以免除年年制种，成为一系法杂交稻。

作为世界公认的“杂交水稻之父”，袁隆平客观地分析了现阶段培育的杂交稻的缺点，并把这些缺点概括为“三个有余，三个不足”：前劲有余，后劲不足；分蘖有余，成穗不足；穗大有余，结实不足。他组织助手和同行，从育种与栽培两个方面，采取措施解决。他主持的“两系法亚种间杂种优势利用”研究课题通过了国家“863”计划论证，正式立项开展研究，袁隆平担任了国家“863—101—01”专题的责任专家。1995年，两系杂交稻基本研究成功，被中国科学院、中国工程院评为1996年全国十大科技新闻，并列为榜首。

1997年，袁隆平发表了《杂交水稻超高产育种》重要论文。1998年8月在北京召开的第18届国际遗传学大会上和9月在埃及开罗召开的第19届国际水稻会议上，袁隆平发言：由于采取了形态改良与杂种优势利用有机结合的技术路线，中国在培育超级稻方面已走在世界前列。经过中国许多科学家10多年的协作研究，目前技术上的难题已基本解决。袁隆平预计，亚种间超级杂交稻将在近几年内应用于生产，并将在下世纪初大面积生产中发挥巨大的增产作用。

有人统计过，由于杂交水稻的研究成功，开辟了粮食大幅度增产的新途径，大面积的推广给我国水稻生产带来了一次飞跃，杂交稻比常规稻增产20%左右，为从根本上解决我国粮食自给自足难题做出了重大贡献。1976年—1999年，全国累计推广杂交水稻35亿多亩，增产稻谷3500亿千克。近年来，全国杂交水稻年种植2．3亿亩左右，年增产的稻谷可以养活6000万人口。

1997年，袁隆平提出了超级杂交稻选育的指标、株型模式和技术路线，选育出一批具有超高产潜力、米质优良的亚种间苗头组合，其中江苏农科院与国家杂交水稻工程技术研究中心合作选育的两个组合在1999年大面积示范中，共有14个百亩片和1个千亩片亩产700千克以上，达到了农业部制定的中国超级稻产量指标；小面积最高产量达每亩1139千克（每公顷日产107.4千克），达到了日产量100千克／公顷的超级稻产量指标。如果按年推广2亿亩计，年增粮食可养活7000多万人口。袁隆平对我说，这是对看上去表情显得十分深沉的美国经济学家布朗“未来谁来养活中国”疑问的有说服力的回答。

美国学者唐·帕尔伯格在他《走向丰衣足食的世界》一书中写道：袁隆平使“饥饿的威胁在退却，袁正引导我们走向一个营养充足的世界”。

1998年，经权威的资产评估所评估，“袁隆平品牌”无形资产价值1000

亿元。在各国水稻科研工作者心目中，位于长沙马坡岭的国家杂交水稻工程技术研究中心已成为“麦加”那样的圣地。

近十几年来，杂交水稻不断走向世界，已在20多个国家和地区引种推广，这项技术是我国转让给美国的第一项农业科技专利。

袁隆平是在世界上最有影响的中国科学家之一，他正在引导一场新的“绿色革命”的兴起。

（本文选自《科技日报》2001年2月22日）

拓展练习

1. 人物通信常常通过典型事件来表现人物的优秀品质。《喜看稻菽千重浪——记首届国家最高科学技术奖获得者袁隆平》写了哪几件事？这几件事分别体现了袁隆平作为科学家的哪些优秀品质？

2. 学唱袁隆平作词歌曲《我有一个梦》。品味院士之匠心。

三 “金手天焊”高风林

阅读提示

三十年如一日，立足本职工作，他始终坚持以国为重、扎根一线、勇于登攀、甘于奉献，一次次攻克了发动机喷管焊接技术世界级难关，为北斗导航、嫦娥探月、载人航天等国家重点工程的顺利实施以及长征五号新一代运载火箭研制做出了突出贡献。事业为天，技能是地。他把美好的人生年华与国家、集体的荣誉和利益，与祖国的航天事业紧密联系在一起，以卓尔不群的技艺和劳模特有的人格魅力、优良品质，成为新时代智能工人的时代坐标。

引　言

在他的手中，焊枪是针，弧光是线，他追寻着焊光，在火箭发动机的“金缕玉衣”上焊出了一片天。他就是中国航天科技集团公司第一研究院211厂特种熔融焊接工、火箭发动机焊接车间班组长，国家高级技师——高凤林。

说高凤林是“金手天焊”，不仅因为早期人们把比用金子还贵的氩气培养出来的焊工称为“金手”；还因为他焊接的对象十分金贵，是有火箭“心脏”之称的发动机；更因为他在火箭发动机焊接专业领域达到了常人难以企及的高度。“金手天焊”是高凤林技艺高超，屡屡攻克焊接技术难关的写照，更是新时代航天高技能工人风采的体现。

矢志报国，航天事业练就焊接神技

当大街上的广播中传出我国第一颗人造地球卫星传回的“东方红”乐曲声，年幼的高凤林产生了疑问：“卫星是怎么飞到天上去的？”当他以优异的成绩从中学毕业面临抉择时，母亲一句：“报考七机部技校吧，去解你小时候的迷惑。”从此，他便与航天结下了不解之缘。

迈出校门的高凤林，走进了人才济济的火箭发动机焊接车间氩弧焊组，跟随我国第一代氩弧焊工学习技艺。师傅给学员们讲中国航天艰难的创业史，讲七十年代初25天完成25台发动机的“双二五”感人事迹，讲航天产品成败的深远影响，还有党和国家对航天事业的关怀和鼓励。也就是从那时起，“航天”两个字深深镌刻在高凤林的内心。他暗下决心，要成为像师傅那样对航天事业有用的人。

为了练好基本功，他吃饭时习惯拿筷子比划着焊接送丝的动作，喝水时习惯端着盛满水的缸子练稳定性，休息时举着铁块练耐力，更曾冒着高温观察铁水的流动规律。渐渐地，高凤林日益积攒的能量迸发出来。

高凤林

上世纪90年代，为我国主力火箭长三甲系列运载火箭设计的新型大推力氢氧发动机，其大喷管的焊接曾一度成为研制瓶颈。火箭大喷管的形状有点儿像牵牛花的喇叭口，是复杂的变截面螺旋管束式，延伸段由248根壁厚只有0.33毫米的细方管通过工人手工焊接而成。全部焊缝长达近900米，管壁比一张纸还薄，焊枪停留0.1秒就有可能把管子烧穿或者焊漏，一旦出现烧穿和焊漏，不但大喷管面临报废，损失百万，而且影响火箭研制进度和发射日期。高凤林和同事经过不断摸索，凭借着高超的技艺攻克了烧穿和焊漏两大难关。然而，焊接出的第一台大喷管X光检测显示，焊缝有200多处裂纹，大喷管将被判“死刑”。高凤林没有被吓倒，他从材料的性能、大喷管结构特点等展开分析排查。最终，在高层技术分析会上，他在众多技术专家的质疑声中大胆直言，是假裂纹！经过剖切试验，200倍的显微镜下显示他的判断是正确的。就此，第一台大喷管被成功送上了试车台，这一新型号大推力发动机的成功应用，使我国火箭的运载能力得到大幅提升。

随着承担的急活、难活越来越多，高凤林挑起了更多的重担。在某型号引射筒的焊接攻关中，他大胆改进，使近一年半没有解决的难题得以解决，保证了近一亿产值的产品交付；国家某潜基重点型号临近发射的关键时刻，艇上发射系统出现故障。高凤林在型号总师的直接授意下，研究采用特殊技法，连夜排除了故障，保证了该型产品如期发射。

久而久之，高凤林成为远近闻名的能工巧匠，社会上的一些单位遇到解决不了的技术难题，也登门求助。一次，我国从俄罗斯引进的一种中远程客机发动机出现了裂纹，很多权威专家都没有办法修好，俄罗斯派来的专家更是断言，只有把发动机拆下来，运回俄罗斯去修，或者请俄罗斯的专家来中国，才能焊接好。高凤林被请到了机场，看着眼前这个瘦弱的年轻人，俄罗斯专家仍然不相信地说：“你们不行，中国方面的专家谁也修不了！”高凤林通过翻译告诉俄方专家：“你等着，我十分钟之内就能把它焊好！”事实证明，高凤林不是“吹牛”。焊完后，俄方专家反反复复检查了好几遍，面带微笑对高凤林竖起了大拇指。高凤林展现了中国人的志气，展示了中国高技能人才的技艺，为祖国争得了荣誉。

勇于创新，自我突破成就专家工人

高凤林在工作中敢闯敢试，坚持创新突破，将无数次“不可能”变为“可能”。某型号发动机阀座组件，生产合格率仅为35%。型号需求半年时间要拿出大批量合格产品。该产品采用的是软钎焊加工，而高凤林的专业是熔焊，这是一次跨专业的攻关。高凤林从理论层面认清机理，在技术层面把握关键。他跑图书馆，浏览专业技术网站，千方百计搜寻国内外相关资料。每天，高凤林带领组员在20多平米的操作间进行试验，两个月里试验上百次，理清了两种材料的成因机理，并有针对性地从环境、温度、操作控制等方面反复改进，最终形成的加工工艺使该产品的合格率达到90%。

不断取得的成功没有让高凤林飘飘然，他反而越来越感到知识的可贵，认为操作工人应该用智慧武装头脑，更好地指导实操作业。离开学校8年后，高凤林重新走进校园，捧起课本，开始了长达4年艰苦的业余学习。为了让知识面更广一些，他选择了机械工艺设计与制造专业。快毕业的时候，高凤林还在一次航天系统大型技术比赛中报了名。白天穿梭于工作现场、训练场、课堂，晚上抱着两摞厚厚的书籍学习到3、4点钟，由于过度紧张和劳累，不到30岁的他头发一把把地往下掉。功夫不负有心人，高凤林先在技术比赛中取得了实操第一、理论第二的好成绩，不久又拿到了盼望多年的大学专科文凭，之后他又完成了从本科到研究生的学习。

“不仅会干，还要能写出来指导别人干”。高凤林一直这样要求自己。在操作难度很大的发动机喷管对接焊中，高凤林研究产品的特点，灵活运用所学的高次方程公式和线积分公式，提出了“反变形补偿法”进行变形控制，后来这一工艺获得了国家科技进步二等奖；他还主编了首部型号发动机焊接技术操作手册等行业规范，多次被指定参加相关航天标准的制定。自学、实践、总结、再实践的过程，让高凤林逐渐成为国内权威的焊接专家，成为大家眼中把深厚的理论与精湛的技艺完美结合的专家型工人。

2006年，由世界16个国家和地区参与的反物质探测器项目，因为低温超导磁铁的制造难题陷入了困境。来自国际和国内两批技术专家提出的方案，都没能通过美国宇航局主导的国际联盟的评审。一筹莫展时，诺贝尔奖获得者丁肇中教授通过一些渠道打听到了高凤林，请他出手相助。高凤林到现场进行了基础性调研考证，并听取了之前两个方案的详细分析。他凭借丰富的实践经验和深厚的理论基础，指出：按照传统的控制方法，这两个方案都已无可挑剔，但对这种特殊结构，却存在重大隐患。他陈述了自己的设计方案，并最终获得美国宇航局和国际联盟的认可。他还以NASA特派专家的身份督导项目的实施。一位专家这样评价高凤林："你既有深厚的理论，又有丰富的实践经验，你是两个维度看问题，看来高技能人才是大有用武之地!"

现阶段，高凤林正带领他的团队围绕重型发动机的新装备、新技术、新工艺、新材料开展焊接技术攻关。未来将进行机器人焊接自动化系统功能开发，实现全过程监测技术、视频控制技术、仿真模拟技术在新型发动机推力室、喷管等复杂空间结构上的应用，不断攀登，持续引领专业发展。

甘于奉献，埋头实干见证平凡伟大

航天产品的特殊性和风险性，决定了许多问题的解决都要在十分艰苦和危险的条件下进行。高凤林在焊接第一线甘于奉献、埋头苦干，在最需要的时刻迎难而上，在"平凡"的岗位上，做出了不平凡的成绩。

为了满足大容量、大吨位卫星的发射，我国建造了亚洲最大的全箭振动试验塔，其中振动大梁的焊接是关键，焊缝强度要求不小于基材强度的90%，属于一级焊缝。而制作振动大梁的材料很特殊，它常温硬度高、韧性好，含合金元素多，焊接时极易产生合金元素烧蚀，造成基材强度下降，影响材料的机械性能，焊接难度很大。为了满足振动大梁的焊接要求，高凤林决定采用多层快速连续堆焊，使金属在熔融状态下尽可能减少停留时间，又不因冷却过快造成金属组织结构变坏，而这就需要在高温下连续不断地操作。焊件表面温度达几百度，高凤林的双手被烤得发干、发焦、发糊，鼓起了一串串的水泡。为了按时保质完成任务，他咬牙坚持下来，最终焊出了合格的振动大梁。在后来载人航天工程实施期间，对振动大梁进行升级测试，结果表明大梁焊接质量良好，承载能力可由原来的360吨提高到420吨，能为我国运载火箭的研制继续服役。振动大梁经受住了时间的考验，而高凤林的手上至今还有因严重烤伤留下的疤痕。

在长征五号先进上面级的研制生产中，发动机在发射台试验过程中突然出现内壁泄漏。而发动机如果不能赶在年底之前完成验证性试车，整个研制进度就要推迟一年，返厂处理又根本没有时间。紧急中，高凤林带领相关人员奔赴试车台。站在试车台上面对产品，身后就是几十米的山涧，高凤林临危不惧，沉下心做好相关准备工作。因为特殊的环境，故障点无法观测，操作空间又非常狭小，高凤林就在只能勉强塞进一只手臂的情况下，运用高超技巧和特殊工艺艰难施焊，终于完成了这次“抢险”。

高凤林对航天事业的热忱和忠诚，在炽热的弧光照耀下越发闪亮。外资企业曾以高薪和解决住房等条件聘请，他不为所动；许多次可以提拔的机会，高凤林也都放弃了。他始终认为，他的根在焊接岗位上。

为了攻克国家某重点攻关项目，近半年的时间，他天天趴在冰冷的产品上，关节麻木了、青紫了，他毫不在乎，甚至被同事戏称为“和产品结婚的人”；在技术攻关的关键时期，他和恋人一周偶尔见一次面，见了面也只待上十几分钟就匆匆离去；当恋人成为妻子后，他将家托付给妻子，即使妻子怀孕他都无暇悉心照顾陪伴，孩子出世那天，他还是从工作岗位上匆忙赶往医院……高凤林的理由很简单：因为国家任务不能等，航天事业的发展不能等。

高凤林一直扎根在航天第一线从事火箭发动机的焊接工作，在航天产品发动机型号的重大攻关项目中攻克两百多项难关，他还积极贡献自己的才智，在钛合金自行车、大型真空炉、超薄大型波纹管等多个领域填补了技术空白，为国民经济创造价值。

乐于育人，传道授业铺就桃李花香

一枝独秀不是春，高凤林除了自己是技能大师，他还有一个意义重大的工作，就是不断培养更多像他一样优秀的航天高技能人才，从一个人的闪光，拓展到一群人发光发亮。

“能进高师傅的班组，跟着他学技术，本身就是很荣幸的事情，他的成功事迹还有敬业、钻研、不断突破极限的精神，都在一点一滴地影响着我们，给我们树立了很高的标杆。”他的徒弟说。高凤林用自己的行为潜移默化地影响着身边的年轻人，而这种言传身教的影响是深远的。

在技术传承上，高凤林毫无保留地把自己积累的丰富经验传授给年轻人。他指导徒弟如何掌握好焊接的工艺控制过程，来达到最佳焊接效果。针对出现的问题，他能够找准病因，对症下药，手把手地指导，帮助徒弟举一反三。今天，他所在的班组，19名组员中有5名全国技术能手、1名中央企业技术能手和1名航天技术能手。

高凤林还摸索总结出了一套人才培养和管理的方法。他所倡导的“师带徒”、“一带一”，所创造的“焊接”育人法，在实践中得到广泛认同和应用。2005年，高凤林所在的班组被国防邮电工会和航天科技集团公司联合命名为“高凤林班组”，成为航天一院首个以劳模名字命名的班组。此后，班组在高凤林的带领下，凭借骄人的业绩相继荣获“全国工人先锋号”、全国学习型优秀班组、全国安全生产示范班组、中央国有企业学习型红旗班组“标杆”等多项荣誉称号。2011年，作为国家人社部首批命名的50个技能大师工作室之一——高凤林国家级技能大师工作室正式挂牌，成为实至名归的人才育成基地。

作为班组建设示范基地，高凤林班组在出模式、出成果、出人才、出经验方面充分发挥了典型示范和辐射带动作用。班组与航天系统内外30余个班组结对共建，开展多种交流和合作。通过技术合作解决航天发动机焊接研制等20多项重大科研课题。接待多期人社部全国优秀班组长培训班以及来自中国商飞、中国电科、首钢集团等近200家兄弟单位的参访交流。不断汲取先进经验，创新班组建设方法，为完成航天型号任务，弘扬航天文化和树立航天品牌发挥了积极作用。

高凤林著有论文30多篇，分别发表于《航天制造技术》、《航天产品应用焊接技术》、《现代焊接》、集团《绝招绝技》等刊物；每年授课120多课时以上，听众上千人次。他的事迹多次被收入《中华名人录》、《当代人才》、《国际人才》、《支部生活》等期刊，被《人民日报》、《工人日报》、《科技导报》、《实话实说》、《焦点访谈》、《新人物周刊》、《探月现场直播》等媒体和节目报道，引导和激励着更多的青年技工学习技术、为国贡献。

（本文选自CCTV官网）

拓展练习

工匠精神的核心就是干一行，爱一行，专一行，精一行。小到一颗螺丝钉、一根电缆的打磨，大到卫星、火箭、高铁、航母、水电站等大国重器的锻造，都离不开像高凤林这样的工匠们笃实专注、严谨执着的匠心。请同学们结合自己的专业，分析如何成为一名像高凤林一样的人。

孜孜以求的匠心文化

匠心是一种职业精神，它具体体现在一个人的职业道德、职业能力、职业品质之上。工匠精神的具体内涵是敬业、精益、专注、创新。从外在实践经验来看，它代表了执着的追求，也是一种几十年如一日的坚持与韧性。工匠精神是对于一件事情的执着，精益求精，对于自己的任何创作作品都精雕细琢。工匠精神的评价更是对一个人所做的职业和产品的肯定，工匠精神也是一个品牌的标杆。

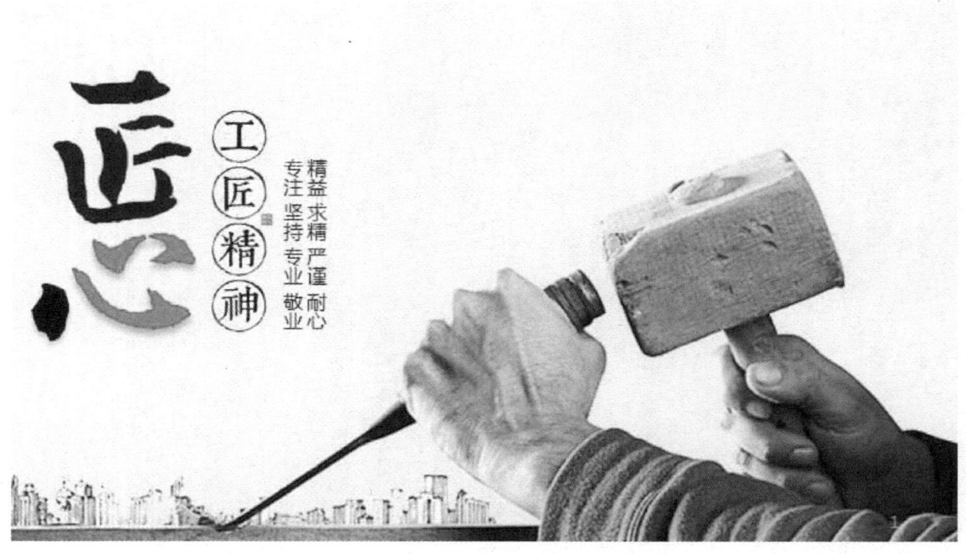

工匠精神

工匠精神是一种可遇不可求的难得品质，一个大国的工匠精神应该具体化于认真工作的每一个人，它也是一种优良风气，代表着一个民族、一个国家的崛起。对于一个民族、一个国家来说，最重要的事情是让工匠精神能世代传承。

荀子《劝学》中言：积土成山，风雨兴焉；积水成渊，蛟龙生焉；积善成德，而神明自得，圣心备焉。故不积跬步，无以至千里；不积小流，无以成江海。我们中华民族有着上下五千年的文化历史，最不缺的就是文化底蕴，工匠精神。

秦始皇陵里的兵马俑保存至今仍然栩栩如生，甚至能在兵马俑的嘴唇上看到千年前的匠人留下的指纹。我们最繁华昌盛的唐朝，留下了万国进贡的传说，一直到今日，其他国家的华人聚集地都被称作“唐人街”。更不用说我们的造纸术、活字印刷术、指南针和火药，哪一样发明不是领先国外几百年？

兵马俑

世界上的每个人都是独一无二的，但每个人都是平凡的。我们在平凡的世界里平凡的生活着，为的只是让我们的生活多几分色彩，多一点意义。那么，我们有什么理由去懈怠生活？

也许不是每一个人都能成为“大国工匠”，但是我们每一个人都可以拥有工匠精神。把工匠精神投入到工作里，更要把工匠精神投入到生活中。

孜孜不倦的学习，日复一日的进步，把每一件工作做好，把每一天的生活都过得有仪式感。这样认真对待人生的我们，又何尝不是一个“大国工匠”。劳动者的素质对一个国家、一个民族的发展至关重要。不论是传统制造业还是新兴产业，工业经济还是数字经济，工匠始终是产业发展的重要力量，工匠精神始终是创新创业的重要精神源泉。时代发展，需要大国工匠；迈向新征程，需要大力弘扬工匠精神。

“执着专注、精益求精、一丝不苟、追求卓越。”2020年11月24日，在全国劳动模范和先进工作者表彰大会上，习近平总书记高度概括了工匠精神的深刻内涵，强调劳模精神、劳动精神、工匠精神是以爱国主义为核心的民族精神和以改革创新为核心的时代精神的生动体现，是鼓舞全党全国各族人民风雨无阻、勇敢前进的强大精神动力。

工匠以工艺专长造物，在专业的不断精进与突破中演绎着“能人所不能”的精湛技艺，凭借的是精益求精的追求。我国自古就有尊崇和弘扬工匠精神的优良传统。新中国成立以来，中国共产党在带领人民进行社会主义现代化建设的进程中，始终坚持弘扬工匠精神，神州大地涌现出一大批追求极致、精益求精的工匠。小到一枚螺丝钉、一根电缆的打磨，大到飞机、高铁等大国重器的锻造，都展现出工匠们笃实专注、严谨执着的匠心。正是一代代对工匠精神的继承与发扬，我国从一个基础薄弱、工业水平落后的国家，成长为世界制造大国。

在激烈的市场竞争和转型升级压力下，“工匠精神”被赋予以创新为导向、以技术为生命、以质量为追求的新内涵。支撑创新驱动的根本是创新型人才，其中包括能工巧匠和高级技师。我国有超过1.7亿技能人才活跃在各行各业。大国工匠们凭借丰富的实践经验和不懈的创新进步，实现了一项项工艺革新，完成了一系列技术攻坚。他们是支撑中国制造的重要力量，也是锻造“创新中国”的劳动者大军。一大批产业劳动者勇于创新、追求卓越的干劲，彰显工匠精神的时代气息，折射出共产党人顽强拼搏、锐意进取的时代精神。

工匠精神，在不断接力中传承“中国风范”。2020年12月10日，习近平总书记在致首届全国职业技能大赛的贺信中提出“培养更多高技能人才和大国工匠”，并发出“走技能成才、技能报国之路”的号召，对广大劳动者特别是青年一代是巨大的鼓舞。通过举办职业技能大赛鼓励更多青年人走技能成才之路；大力发展技工教育，逐步提高技能人才待遇，拓宽技能人才发展通道……近年来，国家通过一系列政策、举措，努力让技术工人在发展上有空间、经济上有保障，大力培育尊崇工匠精神的社会风尚。

“择一事终一生”的执着专注，“干一行专一行”的精益求精，“偏毫厘不敢安”的一丝不苟，“千万锤成一器”的追求卓越……我们相信，以工匠精神激励更多劳动者争做高技能人才，用实干成就梦想，必将汇聚起推进高质量发展的坚实力量，在新征程上创造新的辉煌！

从一桥飞架三地的港珠澳大桥到时速350公里的京张高铁，从北斗卫星导航系统到空间站天和核心舱……一个个超级工程、一件件国之重器、一项项高精尖技术背后，除了科技发展的突破，也离不开工匠精神的支撑。我国有超过1.7亿技术工人活跃在各行各业，他们是支撑中国制造、中国创造的重要力量，肩负着我国从制造业大国迈向制造业强国的时代使命。

珠港澳大桥

伟大精神的诞生，必然要以伟大的实践作为现实土壤。在中国共产党领导的血与火的革命中、如火如荼的建设中、意气风发的改革中，涌现出了一大批辛勤付出、无私奉献甚至不畏牺牲的工匠，促使具有无产阶级和社会主义性质的工匠精神应运而生。

新民主主义革命时期，在大大小小的革命根据地上，成长起一大批优秀工匠，他们为赢得革命胜利发挥了重要作用。陕甘宁边区农具厂化铁工人赵占魁，在高达上千摄氏度的熔炉前穿着湿棉袄代替石棉防护服，终日汗流浃背，从不叫苦叫累，钻研技术改进工艺，提高产品质量；被誉为中国“保尔·柯察金”的兵工专家吴运铎，在生产和研制武器弹药中多次负伤，仍以顽强毅力战胜伤残，战斗在生产第一线，用简陋的设备研制成功枪榴筒，参与设计平射炮以及定时、踏火等各种地雷，为提高部队火力作出了贡献。

新中国成立后，各行各业涌现出一批批能工巧匠，推动了社会主义建设事业的蓬勃发展。北京永定机械厂钳工倪志福，经过反复钻研改进，发明出适应钢、铸铁、黄铜、薄板等多种材质的“倪志福钻头”，在国内外切削界引起重大反响；青岛国棉六厂细纱挡车工郝建秀，凭着一股不服输的倔脾气，独创出一套多纺纱、多织布的高产、优质、低耗的“细纱工作法”，也被称为“郝建秀工作法”，成为全国纺织系统的一大创举……1968年12月底，南京长江大桥全面建成通车，更充分诠释了我国劳动者对工匠精神的追求和传承。这是当时中国自行设计建造的最大的铁路、公路两用桥，也是一座在艰苦环境下靠“独立自主，自力更生”建起的“争气桥”。如今，投入使用50多年的大桥依然保持“壮年”状态，也证明了建桥时的精益求精。

在改革开放后，各行各业的劳动者大力发扬工匠精神，将专业专注、精益求精的理念和要求融入技术、产品、质量、服务的每一个环节，创造了无数“中国制造”的奇迹。“汉字激光照排系统之父”王选，“金牌工人”许振超，从事高铁研制生产的铁路工人，从事特高压、智能电网研究运行的电力工人，风餐露宿、跋山涉水的青藏铁路建设者们……他们都是工匠精神的忠实传承者和践行者，用自己的创造发明和艰苦劳动为国家、人民作出了巨大贡献。

中国特色社会主义进入新时代，工匠精神的时代价值更加凸显。“世界第一吊”的主设计师孙丽，港珠澳大桥岛隧工程项目总工程师林鸣，被称为矿山“华佗”的煤矿维修电工李杰，在国际上打响中国品牌的水泥生产技术行家郭玉全，拥有以自己名字命名的焊接方法的首席女焊工王中美，练就一手“绝活”的数控机床试车工麻建军，圆梦“大飞机”的上海飞机制造有限公司C919事业部总装车间全体职工……他们都是平凡岗位上的劳动者，用点点滴滴的实际行动诠释着工匠精神，用奋斗与追求树立起一面面光辉的旗帜。工匠精神激励广大劳动者立志成为高技能人才和大国工匠。

回顾历史，工匠精神培育了人才、积累了经验、创造了财富。新征程上，我们比以往任何时候都更加需要工匠精神。

“执着专注、精益求精、一丝不苟、追求卓越”，这16个字生动概括了工匠精神的深刻内涵，激励广大劳动者走技能成才、技能报国之路，立志成为高技能人才和大国工匠。

执着专注，是工匠的本分。许多优秀工匠短则十几年、长则几十年专注于一项技艺或一个岗位，经过持续不断地磨炼，才最终获得卓越的成就。“我和工人们一块儿摸爬滚打了将近50年，中国的码头工人不比别人差！”山东港口青岛港前湾集装箱码头，71岁的许振超依然意气风发。成为集装箱桥吊司机后，许振超坚持“干就干一流，争就争第一”，经常顾不上吃饭休息苦练技术。终于，他练就了“一钩准”“一钩净”“无声响操作”等绝活，还带领团队多次刷新集装箱装卸世界纪录，让“振超效率”成为港航界的“金字招牌”。

精益求精，是工匠的追求。不骄傲、不满足、不凑合，精益求精是大国工匠共有的精神气质，正是因为追求完美，才让他们不断超越自我。“再仔细一点点，离一微米的精度就能更近一点点！”工作中，“80后”技术工人、无锡微研股份有限公司高级技师陈亮给自己定下这样的准则。为了提高产品精度，陈亮打破常规思维，通过“移植工序”，把“铣”和“磨”组合使用，终于在不断尝试中成功。一微米有多长？大约是一粒尘埃的颗粒直径、一根头发丝直径的1/60。追求精益求精，让陈亮带领团队获得多项发明专利和实用新型专利。

一丝不苟，是工匠的作风。“炮制虽繁必不敢省人工，品味虽贵必不敢减物力”，同仁堂楹联说的正是这个道理。辽宁沈阳的铆焊专家杨建华，从一名初中没读完的普通工人到登上国家科技进步奖领奖台，用了39年。《铆工工艺学》，随便提一个要点，就知道在哪一页；随身携带记录本，几十年来足足记了上百万字……“岗位可以平凡，追求必须崇高。”杨建华这样说。

追求卓越，是工匠的使命。很多大国工匠不惜花费大量时间和精力，努力把产品品质从99%提升到99.9%，再提升到99.99%，向更高、更好、更精的方向努力。

无论从事什么劳动，都要干一行、爱一行、钻一行，匠心聚，百业兴。当今世界，综合国力的竞争归根到底是人才的竞争、劳动者素质的竞争。面对日趋激烈的国际竞争，一个国家发展能否抢占先机、赢得主动，越来越取决于国民素质特别是广大劳动者素质。

“工匠精神不仅存在于制造业，也存在于服务业，不仅物质生产领域需要，精神生产领域也同样需要，体现为整个社会物质和精神的生产者、服务者职业精神的崇高境界。”中国人民大学马克思主义学院教授刘建军说。

如今，工匠精神的时代内涵早已超越了工匠群体，延伸到更广泛的行业和群体。第一代核潜艇总设计师黄旭华，在没有计算机的情况下，和团队一起为我国第一代核潜艇画了4.5万张设计图纸，为了在艇内合理布置数以万计的设备、仪表、附件，不断调整、修改、完善，让艇内100多公里长的电缆、管道各就其位，这是一种工匠精神；语文特级教师于漪，每晚学习到深夜，备课时把讲课要说的每句话都写下来，然后像改作文一样修改，之后再背下来、口语化，最终成为“人民教育家”，这是一种工匠精神……

“三百六十行，行行出状元。”今天，我国进入高质量发展阶段，这既对广大劳动者提出了更高的要求，也为每个人提供了难得的人生舞台。每个人不管处在什么岗位，只要大力传承弘扬工匠精神，就能在劳动中体现价值、展现风采、感受快乐。

综合实践活动

大国崛起　匠心筑梦

习近平总书记在党的十九大报告中指出："建设知识型、技能型、创新型劳动者大军，弘扬劳模精神和工匠精神，营造劳动光荣的社会风尚和精益求精的敬业风气。"让我们在全社会大力弘扬工匠精神，激励广大青年走技能成才、技能报国之路，加快建设知识型、技能型、创新型劳动者大军，为全面建设社会主义现代化国家提供有力人才支撑！

党的十八大以来，习近平总书记始终对建设高素质劳动大军高度重视，强调"当代工人不仅要有力量，还要有智慧、有技术，能发明、会创新，以实际行动奏响时代主旋律"，深刻阐释工匠精神的科学内涵："执着专注、精益求精、一丝不苟、追求卓越"，号召全社会弘扬工匠精神。

一　让"工匠梦"融入"青春梦"

"大力弘扬劳模精神、劳动精神、工匠精神，激励更多劳动者特别是青年一代走技能成才、技能报国之路。"这是习近平总书记对青年们的殷切期许，也是当代职业教育学生的光荣使命。积极开展弘扬工匠精神系列活动，挖掘工匠精神内涵，引导青年学生坚定理想信念，助力工匠精神的弘扬和传承。

以小组为单位收集古今中外能工巧匠的事迹，在班级中进行交流，增强对工匠精神的认知。

结合自己所学专业与理想，规划自己的职业未来，在班级中进行演讲比赛。

二　传承非遗文化

非遗作为中华优秀传统文化的代表，在各类国际性重大活动和会议中崭露头角，成为传播中华文化的一张亮丽名片。各种类型的非遗展览、现场体验展台，时常作为国际文化交流活动中“打头阵”的文化活动而备受关注，精彩的非遗演出更是令前来参会的各国代表赞不绝口。在中华文化走出去过程中，非遗也扮演重要角色。在海外中国文化中心，太极、书法培训受热捧，中国传统年节、民俗活动得到广泛传播。

以小组为单位调查本地区特色的非遗文化传承项目，加深对本地文化的了解。撰写调查报告，对本地非遗项目的传承保护情况、非遗代表性传承人的现实状况、队伍结构、开展传承活动等情况进行专业调查，推动中华优秀传统文化进课本、进课堂、进校园，将非遗相关知识与内容融入教育教学体系。面向青少年学生组织丰富多彩的非遗活动，促进青少年健康成长，提高青少年对中华优秀传统文化的认同感和参与感。

第六单元

走进红色山东——传承红色文化

红色文化是革命战争年代由中国共产党人、先进分子和人民群众共同创造并极具中国特色的先进文化，蕴含着丰富的革命精神和厚重的历史文化内涵。作为中国特色社会主义文化的组成部分，新时代更需要发挥好红色文化的精神力量，不断实现红色文化的创新发展，用红色基因补钙壮骨，弘扬社会正能量，推进中国特色社会主义现代化事业不断向前。

山东是具有光荣传统的著名革命老区。早在中国共产党成立之前，王尽美、邓恩铭等革命先驱就开始在山东传播马克思主义学说。抗日战争时期，山东更是华北地区持久抗战的一个重要战略支撑点。解放战争时期，鲁南战役、莱芜战役、孟良崮战役、济南战役等一系列胜利，揭开了战略决战的序幕。在那些艰苦卓绝的革命岁月中，齐鲁大地做出了巨大牺牲，镌刻下了永久的历史记忆。

在本单元的文本选读中选取了《觉醒年代，他用生命诠释了信仰的力量——追忆王尽美》《沂蒙红嫂》《县委书记的榜样——焦裕禄》三篇文章，有革命先驱王尽美，有沂蒙精神的代表沂蒙红嫂，还有党员干部的楷模焦裕禄，他们展现了齐鲁儿女“敢教日月换新天”的红色精神，为我们留下了宝贵的精神财富。

作为新时代的青年，应该走进鲜活的红色历史，明了红色文化蕴含的精神实质，发挥红色文化铸魂育人的功能，而且更需要从小事、从细节抓起，落在实处，使红色文化不断实现创新转化，更加坚定中国特色社会主义文化自信，更好地发挥中国特色社会主义文化的深厚力量。

一　觉醒年代，他用生命诠释了信仰的力量

——追忆王尽美

宋庆艳

阅读提示

课文是一篇人物通讯，围绕三个小标题，精选材料，思路清晰，主题鲜明。集中展现了王尽美为党的创建和早期的革命活动，作出了重大贡献。王尽美所表现出来的思想品德和精神风范，是党和人民的宝贵财富，他用热血青春诠释了“开天辟地、敢为人先，尽善尽美为人民”的崇高精神。

不同的时代，相同的信仰。本文是记者前往浙江大学信息与电子工程学院，采访革命先辈王尽美的后代王明华。在追忆与缅怀中，再现王尽美波澜壮阔的一生，他为实现尽善尽美的共产主义理想奋斗终身的信念，像一把火炬，燃烧了自己，点燃了山东革命的火种，照亮了革命的长路，也照亮了后人。

乔有山下的觉醒少年：“沉浮谁主问苍茫，古往今来一战场”

1898年6月，莒县大北杏村（今属诸城市）的一个佃农家庭喜添男婴，他的出生给这个贫寒的家庭带来了希望。这个男婴就是后来成为中国共产党先驱的王尽美。

提起大北杏村，王明华①的眼神中有了一丝乡愁。1945年，抗战胜利后，4岁的王明华跟随母亲曹建民回到大北杏村，在那里和曾祖母一起生活到9

岁。他的父亲王杰（原名王乃恩）当时已在外参加革命。

“我们生活的那栋老宅子在村子边，有五间正房，其中一间放粮食，一间放曾祖母的寿材，每次国民党飞机来轰炸的时候，我就躲到那个寿材下面。”他说。

虽不曾见过祖父王尽美，但童年的王明华却记得一件事：曾祖母和他讲过，祖父王尽美出生那天，义和团造反的火把映红了半边天。原来，王尽美出生的前一年，德国武装侵占了我国胶州湾。随后，又强修了胶济铁路，驱赶居民，建立教堂，疯狂地掠夺矿产财富，弄得民不聊生。1899年，王尽美家乡一带的义和团数千人，一举捣毁了教堂，驱逐传教士，斗得县官狼狈不堪[②]。由于出生在动荡年代，铲除不平、救国救民的思想，在王尽美幼小的心灵上扎下了根。

为了找机会读书，王尽美七八岁的时候，先后到本村地主设的家塾去为其小少爷陪读，但因受到侮辱又失学在家。后来村里办起了村塾，又成立了小学，他才重新得到学习机会。在小学期间，王尽美受到进步教师和书刊的影响，接受了一些新思想，开始树立起救国救民的远大志向。高小毕业劳动了两年后，他决定离开家乡，到济南去寻找改变穷人命运的真理。

1918年夏，王尽美考入了山东省立第一师范学校[③]。前往济南求学的王尽美，临行前登南岭，远眺潍河水，俯瞰家乡山河，写下了“沉浮谁主问苍茫，古往今来一战场。潍水泥沙挟入海，铮铮乔有看沧桑”的诗句。到了济南不久，王尽美便投入了革命的洪流。

王明华告诉记者，关于祖父的事情，曾祖母只知道他在济南闹革命，但不知详情。童年的王明华对于祖父的印象是模糊的，只知道他很早就去世了。后来随着渐渐了解，他对祖父的革命道路有了自己的认识。“如果我出生在那个年代，可能也会像祖父那样努力读书，寻找救国救民之路。我一直从事教育事业，这和祖父的初心一脉相承[④]。”

红色人生：“贫富阶级见疆场，尽善尽美唯解放”

1950年10月，王明华和母亲、妹妹前往浙江义乌，与工作在那里的父亲团聚。王明华的曾祖母因留恋故土，暂未同行。

当他们辗转抵达义乌，已是半夜十二点。摸黑找到父亲的工作地点，却被告知父亲带领队伍打土匪去了。第二天，王明华才见到了分别五年多的父亲。

建国后，毛主席到青岛视察工作时，对陪同的山东省负责同志讲过：你们山东有个王尽美，是党的一大代表，是个好同志。听说他母亲还活着，要好好养起来。于是，曾祖母由山东省委接到济南，度过了幸福的晚年。

1953年7月，王明华的母亲带着他和妹妹，与伯父王乃征一起去拜访负责照顾曾祖母的李宇超。时任中共山东分局统战部副部长的李宇超，和他们谈起了王尽美的生平事迹。从他们的交谈中，王明华第一次完整得知曾祖父组建山东早期党组织、为革命呕心沥血[⑤]的一生。

时光再次回溯[⑥]到1919年。在“五四”运动的革命洪流中，王尽美投身其中，逐渐成为山东学生界的杰出领袖。1920年初秋，与邓恩铭、王翔千在济南组建“马克思学说研究会”。11月20日，与邓恩铭、王翔千等组成“励新学会”，发行《新青年》，同时创办《励新》半月刊，王尽美任主编。《励新》半月刊宣传新思想，抨击时弊，对传播马列主义思想和新文化起到了很大作用。1921年春，王尽美和邓恩铭发起建立了济南共产党组织，并出版了《济南劳动周刊》。

1921年7月，王尽美与邓恩铭一起代表济南共产党组织出席了中国共产党第一次全国代表大会。会后任中共山东区支部书记。参加完中共一大后，王尽美即兴作诗《肇在造化——赠友人》：“贫富阶级见疆场，尽善尽美唯解放。潍水泥沙统入海，乔有麓下看沧桑。”并将原名王瑞俊改为王尽美，来表达自己要为革命奋斗一生，为全人类的解放力求做到尽善尽美的理想和抱负。

党的“一大”闭幕后，王尽美回到山东，在党中央的指导下，正式建立了“中国共产党济南地方支部”，直属中央领导，王尽美任书记。之后，他又领导山东第一批党员骨干分子，在胶济铁路沿线的青岛、淄博等地相继建立了党的组织。这期间，王尽美还根据中央指示，积极筹备成立了中国劳动组合书记部山东支部，创办了《山东劳动周刊》。

王尽美

1922年1月，王尽美赴莫斯科出席远东各国共产党及民族革命团体第一次代表大会。6月回国后，参加了中国共产党第二次全国代表大会。同年8月，他被派往山海关从事工人运动，是京奉铁路工人大罢工的组织者和领导者，也是开滦五矿总同盟罢工指挥部的成员。1923年2月，他回到山东负责党的工作，主办《晨钟报》《现代青年》《十日》等报刊。1924年11月，中共山东省地方委员会成立，王尽美当选为书记。1925年初，王尽美赴青岛领导工人运动和国民会议运动。由于长期超负荷工作，王尽美积劳成疾，于1925年8月19日在青岛病逝，时年27岁。

一生赤诚跟党走，浩然正气留乾坤。在王明华的办公室，有一张王尽美的照片，这也是王尽美留下来的唯一遗物的复制件。

王明华告诉记者，拍摄这张照片时，祖父已经成为一名职业革命家，鲜有[⑦]时间陪伴家人，为解家人的思念之情，他到廊坊照相馆专门拍下了这张照片，托人带给曾祖母。后来，为了躲避战乱，曾祖母把照片用纸包起来，糊到了土墙里面的一个破洞里。

这张饱经战乱与历史沧桑、几经家人辗转保存的照片原件，现存在济南英雄山烈士陵园内，编号001。

信仰的传承：“为共产主义的彻底实现而奋斗到底”

王尽美逝世前，在病床上口述，请青岛党组织负责人记录其遗嘱：“全体同志要好好工作，为无产阶级和全人类的解放和共产主义的彻底实现而奋斗到底！”

如今，这个“遗嘱”被王明华用相框裱起来，挂在他办公室的墙上。

6月7日，记者在王明华的办公室，见到了这些依然滚烫的文字。

王明华凝视着墙上的“遗嘱”，专注的眼神充满深情。祖父未竟的遗愿，早已在他的心里化为一种信仰。他把信仰化作前行的力量，走出了一条报效祖国的求学道路。

1942年出生的王明华，从小到大，父母并没有向他刻意灌输“他是王尽美孙子”的特殊身份，他和普通孩子一样成长，听到的家训就是三句话“听党的话”“好好学习”“努力工作”。

王明华从小学习成绩优良，考大学时，他不忘祖父遗志，选择了对国家建设急需的通信专业，报考了浙江大学无线电系无线电技术专业。“国家要想建设好，通信是第一件大事。”毕业后，他本想到部队研究导弹，但浙大挽留其留校。1965年8月，他开始在浙江大学无线电系半导体技术专业任教，从事硅基集成电路科研与集成电路原理与技术教学研究工作。这一干就是一辈子。

1979年起，王明华负责创建光电子技术研究室及光电子技术专业。1981年9月，受国家派遣，王明华赴日本东京大学电子工学科进修，师从著名集成光学专家多田邦雄教授，学习并从事化合物半导体材料光波导理论与集成光学器件研究。1983年9月，回国后的他承担了浙江省科委重点科研项目、国家自然科学基金项目以及首届国家863计划项目，开展GaAs材料光波导及高速光调制器芯片研究，并于1986年开始该领域研究生的培养工作。

1991年9月，获得包玉刚留学奖学金后，王明华再次赴东京大学多田邦雄教授研究室，与多田邦雄教授联合培养博士生一名，并在国家863计划项目和国家自然科学基金项目资助下，研制成功具有创新结构的GaAs基行波超高速光调制器，3dB带宽超过3OGHz。还研制成功M-Z干涉光波导器件，微波带宽达到20GHz以上。王明华先后完成多项国家自然科学基金项目，2004年度再获国家自然科学基金重点课题，深入研究化合物半导体材料全内反射型光开关及阵列。

“在日本留学期间，我只想着怎么把他们的知识全部学到手，回国后尽快培养这方面专业的人才，让我们国家在通信行业能早日走在世界前列。”从无线电技术到微电子再到光电子，王明华始终在不断攀登科学高峰，他不仅是浙大光电子学科的创始人，也是我国光电子领域的佼佼者，科研成果丰硕。如今，他的科研团队在光纤通信元器件研究方面，逐步向世界先进水平靠拢。

痴迷科研和教学的王明华，直到70岁才退休。他在数十年的教育生涯中，培养出很多优秀学者，直到现在他仍然十分重视对青年教师和青年学生的思想教育。退休后，他又担任浙江大学关工委副主任、求是宣讲团成员，将拳拳深情倾注在年轻一辈的培养和教育上，让党的初心和使命代代相传。

“我现在80岁了，还在奋斗，你们再干半个世纪，还不到80岁，前途非常光明。我们党走过了100年，带领着14亿人口奔上了小康，这不是天上掉下来的，是一步一步干出来的。你们作为年轻人，在任何形势下，都要时刻想着国家，要认清形势，学会判断，要有自己的信念……”这是王明华宣讲时的一段话。

不只是对学生谆谆教导⑧，王明华对自己的子女同样严格要求。记者了解到，王明华夫妇俩都是共产党员，他们特别注重子女的教育，两个女儿先后入党。大女儿赴日本留学后归国，不仅事业有成，还被评为上海金桥出口加工区党员标兵、模范党员，今年又被评为优秀党员。小女儿在浙大攻读研究生期间入党，现任百度上海研发中心软件质量保证相关部门的经理职务。王明华一家祖孙四代传承红色基因，坚守党的初心，用各自的人生书写着为国家奋斗、永远跟党走的精彩故事。

历史车轮滚滚向前，时代潮流浩浩荡荡。身处新时代的我们，也需传承尽美精神，开拓进取，甘于奉献，为中华民族的伟大复兴而接续奋斗，直至到达理想的彼岸。

这正是，尽善尽美唯解放，尽美精神永流芳。

王尽美烈士纪念馆

注释

①王明华，生于1942年8月20日，是王尽美次子王杰（原名王乃恩）的儿子，曾为浙江大学教授，现已退休。本文选自黄海晨刊（总第9929期，今日16版，刊号：CN37−0046）。

②狼狈不堪：狼狈，窘迫的样子。困顿、窘迫得不能忍受。形容非常窘迫的样子。

③山东省立第一师范学校（简称“省立一师”或“一师”）创建于1902年10月（清光绪二十八年八月），是全国最早的师范学府之一。她历经山东师范馆、山东师范学堂、山东优级师范学堂、国立山东高等师范、山东省立一师、山东省济南师范学校等阶段。

④一脉（mài）相承：意思是从同一血统、派别世代相承流传下来。比喻

某种思想、行为或学说之间有继承关系。

⑤呕心沥血：形容苦思冥想，费尽心血。

⑥回溯（sù），意思是上溯；向上推导；向内推导。

⑦鲜（xiǎn）有：非常少，很不多。

⑧谆谆（zhūn）教导：恳切耐心的指导、教诲。

拓展练习

1.不同的时代，相同的信仰。阅读课文，思考“信仰的传承”体现在哪些方面?

2.请结合文章，具体分析王尽美身上有哪些优秀品质。

二　沂蒙[1]红嫂

张　岚[2]

阅读提示

沂蒙，是一片红色沃土。在这块土地上，有着写不尽、画不尽的壮阔景象和动人故事。

本文是一篇情真意切的感人散文，作者用朴素的语言书写沂蒙山区有一个伟大的女性群体，她们送子参军、送夫支前，缝军衣、做军鞋、抬担架、推小车，舍生忘死救伤员的伟大壮举，谱写了一曲曲血乳交融的军民鱼水情——她们就是“沂蒙红嫂”。

课文着重笔墨刻画了王换于冒着生命危险创办战时托儿所、为党保存党史材料、全力救助八路军战士白铁华、含泪埋葬八路军女干部陈若克等感人事迹。当年的“红嫂”已经故去，但她们身上的那种“红嫂精神”，通过她们的子女以及她们抚养过的革命后代，延续传承，从沂蒙山区走向全中国，成为激励一代又一代人牺牲奉献、报效国家的宝贵精神财富。

一件沂蒙山妇女特有的土布斜襟上衣、紧紧梳在脑后的发髻、紧抿的双唇、黝黑皮肤里闪现的阳光的味道，质朴的目光坚定地注视着前方……站在伟大母亲王换于半身铜像前，我努力搜寻着记忆的碎片。碎片中，闪现着姥姥的样子、奶奶的样子和那么多朴素而熟悉着的沂蒙大娘大嫂的面孔。在这个周末的清晨，我长久矗立在这座铜像前，面对这张熟悉而亲切的面孔，我在心里庄重地举起了自己的右手。

王换于雕像

一

红嫂纪念馆位于沂南县马牧池乡常山庄村。

深深的山坳里，青石板路、石头垒起的院墙，石砌的台阶……沂蒙山最多的，除了纯朴的民风、山上挺立的松树，就是坚硬的石块。沂蒙人家自古喜欢就地取材，傍山而居。抬眼处，王换于[3]故居里的百年老屋，在夏日的艳阳下竟另有一种风骨。门前挂着的一串辣椒、几串玉米似乎是刚挂上不久，房角的纺车，似乎前几天刚刚使用过。

“老人家，您41岁创办战地托儿所，抚养了41个革命后代，不，是80多个。这些孩子最大的七八岁，最小的才生下来3天。您对儿媳说：让革命烈士的孩子吃奶，咱家的孩子喝粥、吃粗粮。致使三年中4个亲骨肉因营养不良先后夭折，革命后代却都健康成长，真让人感动。”

“这算啥。咱的孩子没了，再生，烈士的后代没了，就绝后了。”您拍着身上的尘土，笑着说。

“抗战期间，您家是红色堡垒户[4]，罗荣恒、徐向前、朱瑞等党政军革命领导干部，都曾在您家生活工作过。您不仅在1939年创办战时托儿所，抚养了众多的革命后代，被亲切地称作沂蒙母亲。您还组织群众积极抢救伤员，救活了《大众日报》社干部白铁华⑤，厚葬革命烈士陈若克母女遗体，冒着生命危险保存党史资料。”我捧着您的手滔滔不绝。

白铁华看望王换于

“这算啥？俺们年轻漂亮的识字班班长梁怀玉，在全村动员参军大会上喊‘谁第一个报名，我就嫁给谁’。”是的，我知道，在长达12年的人民战争中，咱们沂蒙妇女，动员自己的丈夫、未婚夫、儿子参军参战20万人，她们救护病员6万人，掩护革命同志9.4万人，瓦解敌方9.8万多人，这，无不是沂蒙红嫂们的功绩。

“这算啥？就连每一块门板，都是咱参战的武器。”您自豪满满地说。我知道，解放战争中，为支援孟良崮战役，艾山乡妇救会长李桂芳，带领东波池村32名妇女卸下自家门板架起一座浮桥，在冰冷的汶河内用自己的身躯架起了一座“火线桥”，为解放大军顺利过河夺取最后胜利赢得了时间，这是咱沂蒙红嫂们的功绩。

“这算啥？咱沂蒙山，村村有烈士，家家有红嫂。”您撩起衣襟擦起自己的眼角。我亲眼看到，您粗裂着的双手，骨节显露，我忍不住捧起问：您是摇纺车累的？彻夜摊煎饼累的？还是长年做军鞋累的？因为我知道，从抗日战争到解放战争，沂蒙红嫂承担了作战部队所有的后勤工作，共做了315万双军鞋、122万件军衣，碾米碾面11716万斤，这，无不是咱沂蒙红嫂、沂蒙母亲们的功绩。

二

在纪念馆，我的目光，一次次注视着面前这一张张朴素的面孔：用乳汁救伤员的明德英、拥军妈妈胡玉萍、民兵英雄侍振玉、毁家纾难的王自生、爆破英雄公成美、智闯虎穴刘玉梅、四儿一女上前方的王步荣、为亲人熬鸡汤的祖秀莲，还有方兰亭、范桂君、王桂花……战争，没有让沂蒙山的女人们走开，她们虽然是没有多少文化、甚至不识字的质朴乡村妇女，讲不出人生大道理，写不出锦绣文章，但她们懂得人间大义，面对生离忍住泪，为亲人赶制军装；面对死别，她们选择了坚强与担当。她们的肩头单薄，身体也很柔弱，但她们用吃苦耐劳、勇敢善良、舍己为人，用青春和热血，甚至生命，谱写了一曲曲革命英雄主义的赞歌，电影《沂蒙六姐妹》的片尾真切地震撼着我的心：当六姐妹执行完任务踏入家门，一块“满门忠烈”的牌匾，失去了丈夫和两个儿子的老妈妈搂着年幼的孙子木然坐在供奉着三个牌位的灵前，雪白而凌乱的头发触目惊心，那一刻，相信很多人和我一样热泪盈眶：有什么样的打击比这更残酷？有什么样的奉献比这更无私？有什么样的信仰能比这种忠诚更感天动地？

“别找了，战争年代沂蒙山的妇女们那样做的太多太多了。”我知道，讲解员讲的是红色作家刘知侠当年在沂蒙山区踏遍千山万水寻找用乳汁救伤员“红嫂”原型时，一位妇女和他的对话。知侠作家感动地说：“我在沂蒙山感受到了这种精神，她们有的是少女，有的是生了孩子的妇女，但她们都有一颗无私奉献的大爱之心，这是红嫂的象征。”寻着讲解员的声音，我又记起了曾在沂蒙山工作、战斗过的原中共中央政治局委员、中央军委副主席、国务委员兼国防部长迟浩田上将说过的话：“没有沂蒙红嫂，就没有我的今天，没有老区人民，就没有革命胜利。红嫂不是一个人的名字，它是时代赋予沂蒙女性闪光的称谓！”

沂蒙六姐妹

三

“每一座山头都燃起抗战的烽火，每一个村庄都举起抗战的旗帜，每个人都拿起抗战的武器。这片贫困闭塞的山地上，善良质朴的沂蒙百姓爱党、爱军队。”纵横八百里沂蒙山，曾用甘洌的乳汁为战争淬火，用独轮车碾碎精良的美式大炮。是的，谁能告诉我，在这里，到底有多少英雄儿女？到底有多少英雄的传说？到底有多少英雄的故事和英雄的勋章？

注释

①史料统计显示，抗日战争和解放战争时期，沂蒙地区420万人口中，有20多万人参军入伍，120多万人拥军支前，10万英烈血洒疆场。

②张岚，女，中国作家协会会员，中国散文学会会员，山东作协全委会委员、临沂作协常务副主席，临沂文学院副院长；国家二级心理咨询师，国家三级健康管理师，市级多家报刊专栏作家、《散文选刊》签约作家。作品见于《北京文学》《散文百家》《散文海外版》《山东文学》《时代文学》《中国青

年报》《工人日报》《中国妇女报》等，多次获全国散文、报告文学等奖项，著有《水做的城市》《流年里的花开》《岁月凝香》《岁月静好》等散文集。本文选自齐鲁重点号（2020-03-06）。

③王换于，1888年生，山东沂南县岸堤镇圈里村人。19岁与沂南县马牧池乡东辛庄于泮结婚。1938年12月加入中国共产党。不久被选为村妇救会长和艾山乡副乡长。因抗战时期创办战时托儿所，照料抚养了八路军第一纵队机关工作人员和革命烈士的近百名革命后代被誉为“沂蒙母亲”。1989年逝世，享年101岁。中央军委原副主席迟浩田上将曾为其题词：“缅怀沂蒙母亲，教育后世子孙”。

④堡垒户，指在抗战时期斗争环境极端残酷的情况下，群众中舍生忘死、隐蔽保护共产党干部和人民子弟兵的住房关系户，是保护和积蓄抗战力量的基地。带头人是“沂蒙母亲”王换于。

⑤原名毕铁华。

拓展练习

1.作者善于运用简朴的语言，传达真挚的感情，触动人心。仔细揣摩下列句子，体会其表达效果。

（1）深深的山坳里，青石板路、石头垒起的院墙，石砌的台阶……沂蒙山最多的，除了纯朴的民风、山上挺立的松树，就是坚硬的石块。

（2）您撩起衣襟擦起自己的眼角。我亲眼看到，您粗裂着的双手，骨节显露，我忍不住捧起问：您是摇纺车累的？彻夜摊煎饼累的？还是长年做军鞋累的？

2.沂蒙红嫂精神是一笔宝贵的精神财富，所代表的是听党话、跟党走、担当社会价值、甘于无私奉献等精神品格，不仅在其所在的历史时代有着重要的社会价值，对于新时代也有着深远的现实意义。请谈一谈沂蒙红嫂精神的时代价值。

3.阅读作者的另一篇文章《走进红嫂故里》，深入了解沂蒙红嫂故事，理解“红嫂精神”内涵，并选出一名红嫂，将她可歌可泣的故事，讲述给大家。

三　县委书记的榜样——焦裕禄[1]

穆　青　冯　健　周　原

阅读提示

本文是一篇人物通讯，记述了一位“党的好干部”全心全意为人民服务的光荣事迹，展示了我国社会主义建设的艰苦历程和中国共产党人改天换地的伟大信念。

习近平总书记将“焦裕禄精神”概括为“亲民爱民、艰苦奋斗、科学求实、迎难而上、无私奉献”。学习文章时，要特别注意文章通过典型素材来表现人物的形象和品格的写法。也可以对照小标题，概括分析作者使用了哪些具体事例，并思考这些事例具有怎样的典型意义。着重把握文章“以言见人”的特点，从中深刻理解“焦裕禄精神”的内涵及现实意义。

1962年冬天，正是豫东兰考县遭受内涝、风沙、盐碱三害最严重的时刻。这一年，春天风沙打毁了20万亩麦子，秋天淹坏了30多万亩庄稼，盐碱地上有10万亩禾苗碱死，全县的粮食产量下降到了历史的最低水平。

就是在这样的关口，党派焦裕禄来到了兰考。

展现在焦裕禄面前的兰考大地，是一幅多么严重的灾荒的景象啊！横贯全境的两条黄河故道，是一眼看不到边的黄沙；片片内涝的洼窝里，结着青色的冰凌；白茫茫的盐碱地上，枯草在寒风中抖动。

困难，重重的困难，像一副沉重的担子，压在这位新到任的县委书记的双肩。但是，焦裕禄是带着《毛泽东选集》来的，是怀着改变兰考灾区面貌的坚定决心来的。在这个贫农出身的共产党员看来，这里有36万勤劳的人民，有烈士们流血牺牲解放出来的90多万亩土地。只要加强党的领导，一时就有

焦裕禄

天大的艰难，也一定能杀出条路来。

当大家知道焦裕禄是新来的县委书记时，他已经下乡去了。

他到灾情最重的公社②和大队去了。他到贫下中农的草屋里，到饲养棚里，到田边地头，去了解情况，观察灾情去了。他从这个大队到那个大队，一路走，一路和同行的干部谈论。见到沙丘，他说："栽上树，岂不是成了一片好绿林！"见到涝洼窝，他说："这里可以栽苇、种蒲、养鱼。"见到碱地，他说："治住它，把一片白变成一片青！"转了一圈回到县委，他向大家说："兰考是个大有作为的地方，问题是要干，要革命。兰考是灾区，穷，困难多，但灾区有个好处，它能锻炼人的革命意志，培养人的革命品格，革命者要在困难面前逞英雄。"

焦裕禄的话，说得大家心里热呼呼的。大家议论说，新来的县委书记看问题高人一着棋，他能从困难中看到希望，能从不利条件中看到有利因素。

“关键在于县委领导核心的思想改变”

连年受灾的兰考，整个县上的工作，几乎被发统销[③]粮、贷款、救济棉衣和烧煤所淹没了。有人说县委机关实际上变成了一个供给[④]部。那时候，很多群众等待救济，一部分干部被灾害压住了头，对改变兰考面貌缺少信心，少数人甚至不愿意留在灾区工作。他们害怕困难，更害怕犯错误……

焦裕禄想：“群众在灾难中两眼望着县委，县委挺不起腰杆，群众就不能充分发动起来。‘干部不领，水牛掉井’，要想改变兰考的面貌，必须首先改变县委的精神状态。”

夜，已经很深了，焦裕禄躺在床上翻来覆去睡不着。他披上棉衣，找县委一位副书记谈心去了。在这么晚的时候，副书记听见叩门声，吃了一惊。他迎进焦裕禄，连声问：“老焦，出了啥事？”

焦裕禄说：“我想找你谈谈。你在兰考10多年了，情况比我熟，你说，改变兰考面貌的主要问题在哪里？”

副书记沉思了一下，回答说：“在于人的思想的改变。”

“对。”焦裕禄说：“但是，应该在思想前面加两个字：领导。眼前关键[⑤]在于县委领导核心的思想改变。没有抗灾的干部，就没有抗灾的群众。”

两个人谈得很久，很深，一直说到后半夜。他们的共同结论是，除“三害”首先要除思想上的病害；特别是要对县委的干部进行抗灾的思想教育。不首先从思想上把人们武装起来，要想进行除“三害”的斗争，将是不可能的。严冬，一个风雪交加的夜晚，焦裕禄召集[⑥]在家的县委委员开会。人们到齐后，他并没有宣布议事日程。只说了一句：“走，跟我出去一趟。”就领着大家到火车站去了。

当时，兰考车站上，北风怒号，大雪纷飞。车站的屋檐下，挂着尺把长的冰柱。许多逃荒的灾民扶老携幼拥挤在候车室里。他们正等待着国家运送灾民前往丰收地区的专车，从这里开过……焦裕禄指着他们，沉重地说：“同志们，你们看，他们绝大多数人，都是我们的阶级兄弟。是灾荒逼迫他们背井离乡的，不能责怪他们，我们有责任。党把这个县三十六万群众交给我们，我们不能领导他们战胜灾荒，应该感到羞耻和痛心……”

他没有再讲下去，所有的县委委员都沉默着低下了头。这时有人才理解，为什么焦裕禄深更半夜领着大家来看风雪严寒中的车站。

从车站回到县委，已经是半夜时分了，会议这时候才正式开始。

焦裕禄听了大家的发言，最后说："我们经常口口声声说要为人民服务，我希望大家能牢记着今晚的情景，这样我们就会带着阶级感情，去领导群众改变兰考的面貌。"

紧接着，焦裕禄组织大家学习《为人民服务》《纪念白求恩》《愚公移山》等文章，鼓舞大家的革命干劲，鼓励大家像张思德、白求恩那样工作。以后，焦裕禄又专门召开了一次常委会，回忆兰考的革命斗争史。在残酷的武装斗争年代，兰考县的干部和人民，同敌人英勇搏斗，前仆后继。有个地区，在一个月内曾经有九个区长为革命牺牲，烈士马福重被敌人破腹后，肠子被拉出来挂在树上……焦裕禄说："兰考这块地方，是同志们用鲜血换来的。先烈们并没有因为兰考人穷灾大，就把它让给敌人，难道我们就不能在这里战胜灾害？"

一连串的阶级教育和思想斗争，使县委领导核心在严重的自然灾害面前站起来了。他们打掉了在自然灾害面前束手无策、无所作为的懦夫思想，从上到下坚定地树立了自力更生消灭"三害"的决心。不久，在焦裕禄倡议和领导下，一个改造兰考大自然的蓝图制订出来了。这个蓝图规定在三五年内，要取得治沙、治水、治碱的基本胜利，改变兰考的面貌。这个蓝图经过县委讨论通过后，报告了中共开封地委，焦裕禄在报告上，又着重加了几句：

"我们对兰考的一草一木都有深厚的感情。面对着当前严重的自然灾害，我们有革命的胆略，坚决领导全县人民，苦战三五年，改变兰考的面貌。不达目的，我们死不瞑目。"

这几句话，深切地反映了当时县委的决心，也是兰考全党在上级党组织面前，一次庄严的宣誓。

"吃别人嚼过的馍没味道"

焦裕禄深深地了解，理想和规划并不等于现实，这涝、沙、碱三害，自古以来害了兰考人民多少年呵！今天，要制伏"三害"，要把它们从兰考土地上像送瘟神一样驱走，必须进行大量艰苦细致的工作，付出高昂的代价。

他想，按照毛主席的教导，不管做什么工作，必须首先了解情况，进行调查研究。“没有调查就没有发言权”。要想战胜灾害，单靠一时的热情，单靠主观愿望，事情断然是办不好的。即使硬干，也要犯“闭塞眼睛捉麻雀”“瞎子摸鱼”⑦的错误。要想战胜灾害，必须详尽地掌握灾害的底细，了解灾害的来龙去脉⑧，然后作出正确的判断和部署。

他下决心要把兰考县1800平方公里土地上的自然情况摸透，亲自去掂一掂兰考的“三害”究竟有多大分量。

根据这一想法，县委先后抽调了120个干部、老农和技术员，组成一支三结合的“三害”调查队，在全县展开了大规模的追洪水，查风口，探流沙的调查研究工作。焦裕禄和县委其他领导，都参加了这次调查。那时候，焦裕禄正患着慢性的肝病，许多同志担心他在大风大雨中奔波，会加剧病情的发展，劝他不要参加，但他毫不犹豫地拒绝了同志们的劝告，他说：“吃别人嚼过的馍没味道。”他不愿意坐在办公室里依靠别人的汇报来进行工作，说完就背着干粮，拿着雨伞和大家一起出发了。

焦裕禄整治“三害”

每当风沙最大的时候，也就是他带头下去查风口、探流沙的时候，雨最大的时候，也就是他带头下去冒雨涉水，观看洪水流势和变化的时候。他认为这是掌握风沙、水害规律最有利的时机。为了弄清一个大风口，一条主干河道的来龙去脉，他经常不辞劳苦地跟着调查队，追寻风沙和洪水的去向，从黄河故道开始，越过县界、省界，一直追到沙落尘埃，水入河道，方肯罢休。在这场艰苦的调查中，焦裕禄简直变成一个满身泥水的农村“脱坯人”了。他和调查队的同志们经常在截腰深的水里吃干粮，有时夜晚蹲在泥泞里歇息……

有一次，焦裕禄从堌阳公社回县城路上，遇到了白帐子猛雨⑨。大雨下了七天七夜，全县变成了一片汪洋。焦裕禄想：“洪水呀，等还等不到哩，你自己送上门来了。”他回到县里后，连停也没停，就带着办公室的三个同志察看洪水去了。眼前只有水，哪里有路？他们靠着各人手里的一根棍，探着，走着。这时，焦裕禄突然感到一阵阵肝痛，不时弯下身子用左手按着肝部。三个青年恳求他：“你回去休息吧，把任务交给我们，我们保证按照你的要求完成任务。”焦裕禄没有同意，继续一路走，一路工作着。

他站在洪水激流中，同志们为他张着伞，他画了一张又一张水的流向图。等他们赶到金营大队，支部书记李广志一看见焦裕禄就吃惊地问：“一片汪洋大水，您是咋来的？”焦裕禄抡着手里的棍子说：“就坐这条船来的。”李广志让他休息一下，他却拿出自己画的图来，一边指点着，一边告诉李广志，根据这里的地形和水的流势，应该从哪里到哪里开一条河，再从哪里到哪里挖一条支沟……这样，就可以把这几个大队的积水，统统排出去了。李广志听了非常感动，他没有想到，焦裕禄同志的领导工作竟这样的深入细致！到吃饭的时候了，他要给焦裕禄派饭，焦裕禄说：“雨天，群众缺烧的，不吃啦！”说着，就又向风雨中走去。

送走了风沙滚滚的春天，又送走了暴雨连连的夏季，调查队在风里、雨里、沙窝里、激流里度过了一个月又一个月，方圆跋涉了5000余里，终于使县委抓到了兰考“三害”的第一手资料。全县有大小风口84个，经调查队一个个查清，编了号，绘了图；全县有大小沙丘1600个，也一个个经过丈量，编了号，绘了图；全县的千河万流，淤塞的河渠，阻水的路基、涵闸……也调查得清清楚楚，绘成了详细的排涝泄洪图。

这种大规模的调查研究，使县委基本上掌握了水、沙、碱发生发展的规律。几个月的辛苦奔波，换来了一整套又具体又详细的资料，把全县抗灾斗争的战斗部署，放在一个更科学更扎实的基础之上。大家都觉得方向明，信心足，无形中增添了不少的力量。

“榜样的力量是无穷的”

夜已经很深了，阵阵的肝痛和县委工作沉重的担子，使焦裕禄久久不能入睡。他的心在想着兰考县的36万人和2574个生产队。抗灾斗争的发展是不平衡的，基层干部和群众的思想觉悟也有高有低，怎样才能充分调动起群众的革命积极性？怎样才能更快地在全县范围内开展起轰轰烈烈的抗灾斗争？

焦裕禄在苦苦思索着。

在多年的工作中，焦裕禄善于从毛泽东同志著作中汲取营养，按照他自己的说法，叫作“白天到群众中调查访问，回来读毛主席著作，晚上‘过电影’。”他所说的“过电影”，主要是指联系实际来思考问题。他说：“无论学习或工作，不会‘过电影’那是不行的。”现在，全县抗灾斗争的情景，正像一幕幕的电影活动在他的脑海里，此时此刻，他觉得毛泽东同志所倡导的深入群众，深入实际，调查研究的方法是多么重要！他决定发动县委领导同志再到贫下中农中间去，集中群众的智慧寻求解决困难的办法。他自己更是经常住在老贫农的草庵子里，蹲在牛棚里，跟群众一起吃饭，一起劳动。他带着高昂的革命激情和对群众的无限信任，在广大贫下中农间询问着、倾听着、观察着。他听到许多贫下中农的要求和呼声，看到许多队自力更生、奋发图强的革命精神。他在群众中学到了不少治沙、治水、治碱的办法，总结了不少可贵的经验。群众的智慧，使他受到极大的鼓舞，也更加坚定了他战胜灾害的信心。

韩村是一个只有27户人家的生产队。1962年秋天遭受了毁灭性的涝灾，每人只分了12两红高粱穗。在这样严重的困难面前，生产队的贫下中农提出，不向国家伸手，不要救济粮、救济款，自己割草卖草养活自己。他们说：“摇钱树，人人有，全靠自己一双手。不能支援国家，心里就够难受了，决不能再拉国家的后腿。”就在这年冬天，他们割了27万斤草，养活了全体社员，养活了8头牲口，还修理了农具，买了7辆架子车。

秦寨大队的贫下中农社员，在盐碱地上刮掉一层皮，从下面深翻出好土，盖在上面。他们大干深翻地的时候，正是最困难的一九六三年夏季，他们说：“不能干一天就干半天，不能翻一锨就翻半锨，用蚕吃桑叶的办法，一口口啃，也要把这碱地啃翻个个儿。”

赵垛楼的贫下中农在七季基本绝收以后，冒着倾盆大雨，挖河渠，挖排水沟，同暴雨内涝搏斗。1963年秋天，这里一连9天暴雨，他们却夺得了好收成，卖了8万斤余粮。

双杨树的贫下中农在农作物基本绝收的情况下，雷打不散，社员们兑鸡蛋卖猪，买牲口买种子，坚持走集体经济自力更生的道路，社员们说：“穷，咱穷到一块儿；富，咱也富到一块儿。”

韩村，秦寨，赵垛楼，双杨树，广大贫下中农自力更生的革命精神，使焦裕禄十分激动。他认为这就是在毛泽东思想哺育下的贫下中农革命精神的好榜样。他在县委会议上，多次讲述了这些先进典型的重大意义，他说：“榜样的力量是无穷的，我们应该把群众中这些可贵的东西，集中起来，再坚持下去，号召全县社队向他们学习。”

1963年9月，县委在兰考冷冻厂召开了全县大小队干部的会议，这是扭转兰考局势的大会，是兰考人民自力更生、奋发图强的一次誓师大会。会上，焦裕禄为韩村、秦寨、赵垛楼、双杨树的贫下中农鸣锣开道，请他们的代表到主席台上，拉他们到万人之前，大张旗鼓地表扬他们的革命精神。他把群众中这些革命的东西，集中起来，总结为四句话：“韩村的精神，秦寨的决心，赵垛楼的干劲，双杨树的道路。”他说：这就是兰考的新道路！是毛泽东思想指引的道路！他大声疾呼，号召全县人民学习这四个样板，发扬他们的革命精神，在全县范围内锁住风沙，制伏洪水，向“三害”展开英勇的斗争！

这次大会在兰考抗灾斗争的道路上，是一个伟大的转折。它激发了群众的革命豪情，鼓舞了群众的斗志，有力地推动了全县抗灾斗争的发展。它使韩村等四个榜样的名字传遍了兰考；它让毛泽东思想的伟大红旗，在兰考三十六万群众的心目中，高高地升起！

从此，兰考人民的生活中多了两个东西，这就是县委和县人委发出的“奋发图强的嘉奖令”和“革命硬骨头队”的命名书。

“当群众最困难的时候，共产党员要出现在群众面前”

就在兰考人民对涝、沙、碱三害全面出击的时候，一场比过去更加严重的灾害又向兰考袭来。1963年秋季，兰考县一连下了13天雨，雨量达250毫米。大片大片的庄稼汪在洼窝里，渍死了。全县有11万亩秋粮绝收，22万亩受灾。

焦裕禄六十年代在兰考沙区现场组织抗灾

焦裕禄和县委的同志们全力投入了紧急的生产救灾。

那是个冬天的黄昏。北风越刮越紧，雪越下越大。焦裕禄听见风雪声，倚在门边望着风雪发呆。过了会儿，他又走回来，对办公室的同志们严肃地说：“在这大风大雪里，贫下中农住得咋样？牲口咋样？”接着他要求县委办公室立即通知各公社做好几件雪天工作。他说，“我说，你们记住：第一，所有农村干部必须深入到户，访贫问苦，安置无屋居住的人，发现断炊户，立即解决。第二，所有从事农村工作的同志，必须深入牛屋检查，照顾老弱病畜，保证不许冻坏一头牲口。第三，安排好室内副业生产。第四，对于参加运输的人畜，凡是被风雪隔在途中的，在哪个大队的范围，由哪个大队热情招待，保证吃得饱，住得暖。第五，教育全党，在大雪封门的时候，到群众中去，和他们同甘共苦。最后一条，把检查执行的情况迅速报告县委。”办公室的同志记下他的话，立即用电话向各公社发出了通知。

这天，外面的大风雪刮了一夜。焦裕禄的房子里，电灯也亮了一夜。

第二天，窗户纸刚刚透亮，他就挨门把全院的同志们叫起来开会。焦裕禄说：“同志们，你们看，这场雪越下越大，这会给群众带来很多困难，在这大雪拥门的时候，我们不能坐在办公室里烤火，应该到群众中间去。共产党员应该在群众最困难的时候，出现在群众的面前，在群众最需要帮助的时候，去关心群众，帮助群众。”

简短的几句话，像刀刻的一样刻在每一个同志的心上。有人眼睛湿润了，有人有多少话想说也说不出来了。他们的心飞向冰天雪地的茅屋去了。大家立即带着救济粮款，分头出发了。

风雪铺天盖地而来。北风响着尖利的哨音，积雪有半尺厚。焦裕禄迎着大风雪，什么也没有披，火车头帽子的耳巴在风雪中忽闪着。那时候，他的肝痛常常发作，有时疼得厉害，他就用一支钢笔硬顶着肝部。现在他全然没想到这些，带着几个年轻小伙子，踏着积雪，一边走，一边高唱《南泥湾》。

这一天，焦裕禄没烤群众一把火，没喝群众一口水，风雪中，他在9个村子，访问了几十户生活困难的老贫农。在许楼，他走进一个低矮的柴门。这里住的是一双无儿无女的老人。老大爷有病躺在床上，老大娘是个瞎子。焦裕禄一进屋，就坐在老人的床头问寒问饥。老大爷问他是谁？他说：“我是您的儿子。”老人问他大雪天来干啥？他说：“毛主席叫我来看望您老人家。”老大娘感动得不知说什么才好，用颤抖的双手上上下下摸着焦裕禄。老大爷眼里噙着泪说：“解放前，大雪封门，地主来逼租，撵得我串人家的房檐，住人家的牛屋。”焦裕禄安慰老人说：“如今印把子抓在咱手里，兰考受灾受穷的面貌一定能够改过来。”

就是在这次雪天送粮当中，焦裕禄也看到和听到了许多贫下中农极其感人的故事。谁能够想到，在毁灭性的涝灾面前，竟有那么一些生产队，两次三番退回国家送给他们的救济粮、救济款。他们说：把救济粮、救济款送给比我们更困难的兄弟队吧，我们自己能想办法养活自己！

焦裕禄心里多么激动呵！他看到毛泽东思想象甘露一样滋润了兰考人民的心，党号召的自力更生、奋发图强的精神，在困难面前逞英雄的硬骨头精神，已经变成千千万万群众敢于同天抗、同灾斗的物质力量了。

有了这种精神，在兰考人民面前还有什么天大的灾害不能战胜的！

“县委书记要善于当‘班长’”

焦裕禄常说，县委书记要善于当“班长”，要把县委这个“班”带好，必须使这“一班人”思想齐、动作齐。而要统一思想、统一行动，就必须靠毛泽东思想。

他是这样想的，也是这样做的。

县人委有一位从丰收地区调来的领导干部，提出了一个装潢县委和县人委领导干部办公室的计划。连桌子、椅子、茶具，都要换一套新的。为了好看，还要把城里一个污水坑填平，上面盖一排房子。县委多数同志激烈地反对这个计划。也有人问：“钱从哪里来？能不能花？”这位领导干部管财政，他说：“花钱我负责。”

但是，焦裕禄提了一个问题：

“坐在破椅子上不能革命吗？”他接着说明了自己的意见：

“灾区面貌没有改变，还大量吃着国家的统销粮，群众生活很困难。富丽堂皇的事，不但不能做，就是连想也很危险。”

后来，焦裕禄找这位领导干部谈了几次话，帮助他认识错误。焦裕禄对他说：兰考是灾区，比不得丰收区。即使是丰收区，你提的那种计划，也是不应该做的。焦裕禄劝这位领导干部到贫下中农家里去住一住，到贫下中农中间去看一看。去看看他们想的是什么，做的是什么。焦裕禄作为县委的班长，他从来不把自己的意见，强加于人。他对同志们要求非常严格，但他要求得入情入理，叫你自己从内心里生出改正错误的力量。不久以后，这位领导干部认识了错误，自己收回了那个“建设计划”。

有一位公社副书记在工作中犯了错误。当时，县委开会，多数委员主张处分这位同志。但焦裕禄经过再三考虑，提出暂时不要给他处分。焦裕禄说，这位同志是我们的阶级弟兄，他犯了错误，给他处分固然是必要的；但是，处分是为了达到治病救人的目的。当前改变兰考面貌，是一个艰巨的斗争，不如派他到最艰苦的地方去，考验他，锻炼他，给他以改正错误的机会，让他为党的事业出力，这样不更好吗？

县委同意了焦裕禄的建议，决定派这个同志到灾害严重的赵垛楼去蹲点。这位同志临走时，焦裕禄把他请来，严格地提出批评，亲切地提出希望，最后焦裕禄说：“你想想，当一个不坚强的战士，当一个忘了群众利益的共产党员，多危险，多可耻呵！先烈们为解放兰考这块地方，能付出鲜血、生命；难道我们就不能建设好这个地方？难道我们能在自然灾害面前当怕死鬼？当逃兵？”焦裕禄的话，一字字、一句句都紧紧扣住这位同志的心。这话的分量比一个最重的处分决定还要沉重，但这话也使这位同志充满了战斗的激情。阶级的情谊，革命的情谊，党的温暖，在这位犯错误的同志的心中激荡着，他满眼流着泪，说，“焦裕禄同志，你放心……”

这位同志到赵垛楼以后，立刻同群众一道投入了治沙治水的斗争。他发现群众的生活困难。提出要卖掉自己的自行车，帮助群众，县委制止了他，并且指出，当前最迫切的问题，是从思想上武装赵垛楼的社员群众，领导他们起来，自力更生进行顽强的抗灾斗争，一辆自行车是不能解决什么问题的。以后，焦裕禄也到赵垛楼去了。他关怀赵垛楼的两千来个社员群众，他也关怀这位犯错误的阶级弟兄。

就在这年冬天，赵垛楼为害农田多年的24个沙丘，被社员群众用沙底下的黄胶泥封盖住了。社员们还挖通了河渠，治住了内涝。这个一连七季吃统销粮的大队，一季翻身，卖余粮了。

也就在赵垛楼大队“翻身”的这年冬天，那位犯错误的同志，思想上也翻了个个儿。他在抗灾斗争中，身先士卒，表现得很英勇。他没有辜负党和焦裕禄对他的期望。

焦裕禄，出生在山东淄博一个贫农家里，他的父亲在解放前就被国民党反动派逼迫上吊自杀了。他从小逃过荒，给地主放过牛，扛过活，还被日本鬼子抓到东北挖过煤。他带着家仇、阶级恨参加了革命队伍，在部队、农村和工厂里做过基层工作。自从参加革命一直到当县委书记后，他始终保持着劳动人民的本色。他常常开襟解怀，卷着裤管，朴朴实实地在群众中间工作、劳动。贫农身上有多少泥，他身上有多少泥。他穿的袜子，补了又补，他爱人要给他买双新的，他说："跟贫下中农比一比，咱穿得就不错了。"夏天他连凉席也不买，只花四毛钱买一条蒲席铺。

有一次，他发现孩子很晚才回家去。一问，原来是看戏去了。他问孩子："哪里来的票？"孩子说："收票叔叔向我要票，我说没有。叔叔问我是谁？我说焦书记是我爸爸。叔叔没有收票就叫我进去了。"焦裕禄听了非常生气，当即把一家人叫来"训"了一顿，命令孩子立即把票钱如数送给戏院。接着，他又建议县委起草了一个通知，不准任何干部特殊化，不准任何干部和他们的子弟"看白戏"……

"焦裕禄是我们县委的好班长，好榜样。"

"在焦裕禄领导下工作，方向明，信心大，敢于大作大为，心情舒畅，就是累死也心甘。"

焦裕禄的战友这样说，反对过他的人这样说，犯过错误的人也这样说。

他心里装着全体人民，唯独没有他自己

县委一位副书记在乡下患感冒，焦裕禄几次打电话，要他回来休息；组织部一位同志有慢性病，焦裕禄不给他分配工作，要他安心疗养；财委一位同志患病，焦裕禄多次催他到医院检查……焦裕禄心里，装着全体党员和全体人民，唯独没有他自己。

1964年春天，正当党领导着兰考人民同涝、沙、碱斗争胜利前进的时候，焦裕禄的肝病也越来越重了。很多人都发现，无论开会、作报告，他经常把右脚踩在椅子上，用右膝顶住肝部。他棉袄上的第二和第三个扣子是不扣的，

左手经常揣在怀里。人们留心观察，原来他越来越多地用左手按着时时作痛的肝部，或者用一根硬东西顶在右边的椅靠上。日子久了，他办公坐的藤椅上，右边被顶出了一个大窟窿。他对自己的病，是从来不在意的。同志们问起来，他才说他对肝痛采取了一种压迫止痛法。县委的同志劝他疗养，他笑着说："病是个欺软怕硬的东西，你压住他，他就不欺侮你了。"焦裕禄暗中忍受了多大痛苦，连他的亲人也不清楚。他真是全心全意投到改变兰考面貌的斗争中去了。

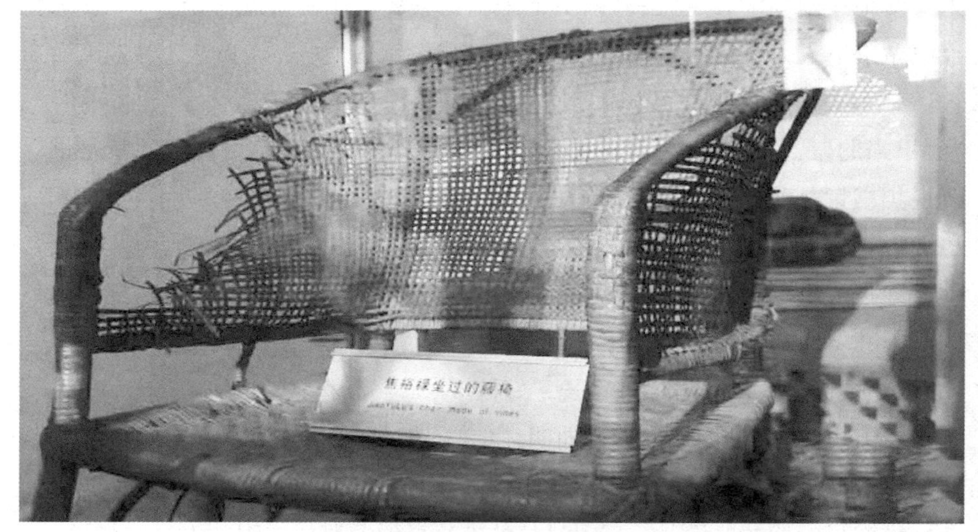

焦裕禄坐过的藤椅

焦裕禄到地委开会，地委负责同志劝他住院治疗，他说："春天要安排一年的工作，离不开！"没有住。地委给他请来一位有名的中医诊断病情，开了药方，因为药费很贵，他不肯买。他说："灾区群众生活很困难，花这么多钱买药，我能吃得下吗？"县委的同志背着他去买来三剂，强他服了，但他执意不再服第四剂。

那天，县委办公室的干部张思义和他一同骑自行车到三义寨公社去。走到半路，焦裕禄的肝痛发作，疼得蹬不动车，两个人只好推着自行车慢慢走。刚到公社，大家看他气色不好，就猜出是他又发病了。公社的同志说："休息一下吧。"他说："谈你们的情况吧，我不是来休息的。"

公社的同志一边汇报情况，一边看着焦裕禄强按着肝区在作笔记。显然，他的肝痛得使手指发抖，钢笔几次从手指间掉了下来。汇报的同志看到这情形，忍住泪，连话都说不出来了，而他，看来还是神情自若[10]的样子，说：

“说，往下说吧。”

1964年的3月，兰考人民的除“三害”斗争达到高潮，焦裕禄的肝病也到了严重关头。躺在病床上，他的心潮汹涌澎湃，奔向那正在被改造着的大地。他满腔激情地坐在桌前。想动手写一篇文章，题目是《兰考人民多奇志，敢教日月换新天》。他铺开稿纸，拟好了四个小题目：一、设想不等于现实。二、一个落后地区的改变，首先是领导思想的改变。领导思想不改变，外地的经验学不进，本地的经验总结不起来。三、榜样的力量是无穷的。四、精神原子弹——物质变精神，精神变物质。

充满了革命乐观主义的焦裕禄，从兰考人民在抗灾斗争中表现出来的英雄气概，从兰考人民一步一个脚印的实干精神中，已经预见到新兰考美好的未来。但是，文章只开了个头，病魔就逼他放下了手中的笔，县委决定送他到医院治病去了。

临行那一天，由于肝痛得厉害，他是弯着腰走向车站的。他是多么舍不得离开兰考啊！一年多来，全县149个大队，他已经跑遍了120多个。他把整个身心，都交给了兰考的群众，兰考的斗争。正像一位指挥员在战斗最紧张的时刻，离开炮火纷飞的前沿阵地一样，他从心底感到痛苦、内疚和不安。他不时深情地回顾着兰考城内的一切，他多么希望能很快地治好肝病，带着旺盛的精力回来和群众一块战斗啊！他几次向送行的同志们说，不久他就会回来的。在火车开动前的几分钟，他还郑重地布置了最后一项工作，要县委的同志好好准备材料，等他回来时，向他详细汇报抗灾斗争的战果。

“活着我没有治好沙丘，死了也要看着你们把沙丘治好！”

开封医院把焦裕禄转到郑州医院，郑州医院又把他转到北京的医院，在这位钢铁般的无产阶级战士面前，医生们为他和肝痛斗争的顽强性格感到惊异。他们带着崇敬的心情站在病床前诊察，最后很多人含着眼泪离开。

那是个多么令人悲恸的日子啊！医生们开出了最后的诊断书，上面写道："肝癌后期，皮下扩散。"这是不治之症。送他去治病的赵文选同志，不相信这个诊断，人像傻了似的，一连声问道："什么？什么？"医生怀着沉重的心情，低声说："焦裕禄同志最多还有20天时间。"

赵文选呆了一下，突然放声痛哭起来。他央告着说：

"医生，我求求你，我恳求你，请你把他治好，俺兰考是个灾区，俺全县人离不开他，离不开他呀！"

在场的人都含着泪。医生说："焦裕禄同志的工作情况，在他进院时，党组织已经告诉我们。癌症现在还是一个难题，不过，请你转告兰考县的群众，我们医务工作者，一定用焦裕禄同志同困难和灾害斗争的那种革命精神，来尽快攻占这个高地。"

焦裕禄又被转到郑州河南医学院附属医院。

焦裕禄病危的消息传到兰考后，县上不少同志去郑州看望他。县上有人来看他，他总是不谈自己的病。先问县里的工作情况，他问张庄的沙丘封住了没有？问赵垛楼的庄稼淹了没有？问秦寨盐碱地上的麦子长得怎样？问老韩陵地里的泡桐树栽了多少……

有一次，他特地嘱咐一个县委办公室的干部说：

"你回去对县委的同志说，叫他们把我没写完的文章写完；还有，把秦寨盐碱地上的麦穗拿一把来，让我看看！"

5月初，焦裕禄的病情进一步恶化了。在这种情况下，县委的一位副书记匆匆赶到郑州探望他。当焦裕禄用干瘦的手握着他的手，两只失神的眼睛深情地望着他时，这位副书记的泪珠禁不住一颗颗滚了下来。

焦裕禄问道："听说豫东下了大雨，雨多大？淹了没有？"

"没有。"

"这样大的雨，咋会不淹？你不要不告诉我。"

"是没有淹！排涝工程起作用了。"副书记一面回答，一面强忍着悲痛给他讲了一些兰考人民抗灾斗争胜利的情况，安慰他安心养病，说兰考面貌的改变也许会比原来的估计更快一些。

这时候，副书记看到焦裕禄在全力克制自己剧烈的肝痛，一粒粒黄豆大的冷汗珠时时从他额头上浸出来。他勉强擦了擦汗，半晌[11]，问道：

“我的病咋样？为什么医生不肯告诉我呢？”

副书记迟迟没有回答。

焦裕禄一连追问了几次，副书记最后不得不告诉他说：“这是组织上的决定。”

听了这句话，焦裕禄点了点头，镇定地说道：“呵，我明白了……”

隔了一会儿，焦裕禄从怀里掏出一张自己的照片，颤颤地交给这位副书记，然后说道：“现在有句话我不能不说了。回去对同志们说，我不行了，你们要领导兰考人民坚决地斗争下去。党相信我们，派我们去领导，我们是有信心的。我们是灾区，我死了，不要多花钱。我死后只有一个要求，要求组织上把我运回兰考，埋在沙堆上，活着我没有治好沙丘，死了也要看着你们把沙丘治好！”

副书记再也无法忍住自己的悲痛，他望着焦裕禄，鼻子一酸，几乎哭出声来。他带着泪匆匆地告别了自己的战友……

谁也没有料到，这就是焦裕禄同兰考县人民，同兰考县党组织的最后一别。

1964年5月14日，焦裕禄同志不幸逝世了。那一年，他才42岁。

在他生命的最后时刻，中共河南省委和开封地委有两位负责同志守在

焦裕禄住处

他的床前。他对这两位上级党组织的代表断断续续地说出了最后一句话："我……没有……完成……党交给我的……任务。"

他死后，人们在他病床的枕下发现两本书：一本是《毛泽东选集》，一本是《论共产党员的修养》。

他没有死，他还活着

事隔一年以后，1965年春天，兰考县几十个贫农代表和干部，专程来到焦裕禄的坟前。贫农们一看见焦裕禄的坟墓，就仿佛看见了他们的县委书记，看见了他们永远也不会忘记的那个人。

一年前，他还在兰考，同贫下中农一起，日夜奔波在抗灾斗争的前线。人们怎么会忘记，在那大雪封门的日子，他带着党的温暖走进了贫农的柴门；在那洪水暴发的日子，他拄着棍子带病到各个村庄察看水情。是他高举着毛泽东思想的红灯，照亮了兰考人民自力更生的道路；是他带领兰考人民扭转了兰考的局势，激发了人们的革命精神；是他喊出了"锁住风沙，制伏洪水"的号召；是他发现了贫下中农中革命的"硬骨头"精神，使之在全县发扬光大……这一切，多么熟悉，多么亲切啊！谁能够想到，像他这样一个充满着革命活力的人，竟会在兰考人民最需要他的时候，离开了兰考的大地。

人们一个个含着泪站在他的坟前，一位老贫农泣不成声地说出了36万兰考人的心声：

"我们的好书记，你是活活地为俺兰考人民，硬把你给累死的呀。困难的时候你为俺贫农操心，跟着俺们受罪，现在，俺们好过了，全兰考翻身了，你却一个人在这里……"

这是兰考人民对自己的亲人、阶级战友的痛悼，也是兰考人民对一个为他们的利益献出生命的共产党员的最高嘉奖。

焦裕禄去世后的这一年，兰考县的全体党员，全体人民，用汗水灌溉了兰考大地。三年前焦裕禄倡导制订的改造兰考大自然的蓝图，经过三年艰苦努力，已经变成了现实。兰考，这个豫东历史上缺粮的县份，1965年粮食初步自给[12]了。全县2574个生产队，除300来个队是棉花、油料产区外，其余的都陆续自给。许多队有了自己的储备粮。1965年，兰考县连续旱了68天，从1964年冬天到1965年春天，刮了72次大风，却没有发生风沙打死庄稼的灾害。19万亩沙区的千百条林带开始把风沙锁住了。这一年秋天，连续下了384毫米暴雨，全县也没有一个大队受灾。

焦裕禄生前没有写完的那篇文章，正由36万兰考人民在兰考大地上奋力集体完成。在这篇文章里，兰考人民笑那起伏的沙丘“贴了膏药，扎了针”，笑那滔滔洪水乖乖地归了河道，笑那人老几辈连茅草都不长的老碱窝开始出现了碧绿的庄稼，笑那多少世纪以来一直压在人们头上的大自然的暴君，在伟大的毛泽东时代，不能再任意摆布人们的命运了。

焦裕禄虽然去世了，但他在兰考土地上播下的自力更生的革命种子，正在发芽成长。他一心为革命，一心为群众的高贵品德，已成为全县干部和群众学习的榜样，这一切宝贵的精神财富，今天已化为强大的物质力量，推动着兰考人民在自力更生、奋发图强的大道上继续前进。

焦裕禄同志，你没有辜负党的希望，你出色地完成了党交给你的任务，兰考人民将永远忘不了你。你不愧为毛泽东思想哺育成长起来的好党员，不愧为党的好干部，不愧为人民的好儿子！你是千千万万在严重自然灾害面前，巍然屹立的共产党员英雄形象的代表。你没有死，你将永远活在千万人的心里！

注释

①原稿1966年2月7日发表于《人民日报》。本文选自《通讯名作100篇》（新华出版社2009年版）。

②公社即人民公社，1958—1984年在中国农村建立的集体所有制经济组织，是我国社会主义社会结构的、工农商学兵相结合的基层单位，同时又是社会主义组织的基层单位。人民公社化的基本特点可以概括为都“一大二公”。

③统销：国家统一对某些关系到国计民生的物资进行有计划的销售。

④供给（jǐ）：把必需的物资、钱财资料提供给需要的人使用。

⑤关键：事物的最要紧的部分；对情况起决定性因素。

⑥召（zhào）集：使人们集合起来

⑦闭塞眼睛捉麻雀：出处自毛泽东《改造我们的学习》二：“闭塞眼睛捉麻雀”，“瞎子摸鱼”，粗枝大叶，夸夸其谈，满足于一知半解，这种极坏的作风，这种完全违反马克思列宁主义基本精神的作风，还在我党许多同志中继续存在着。意思是比喻盲目办事毫无目的。

⑧来龙去脉，原是过去风水先生的说法，认为山势如龙，从头到尾都有血脉连贯。现在常用来比喻事物的来历或事情的前因后果 。

⑨白帐子猛雨：形容雨下得又密又猛，好像天地间挂了白色的帐子。

⑩神情自若：是指神情态度十分自然。神情态度仍和原来一样。

⑪半晌（shǎng），一指许久、好久，二指半日。

⑫自给（jǐ），指依靠自己生产，满足自己需要。

拓展练习

1.思考课文是如何在激烈的矛盾冲突中刻画焦裕禄形象的?

2.课文主要是细致刻画焦裕禄的人物形象，采用“以言见人”的写作方法，阅读课文，找出各部分典型的语言，并分析其作用。

3.习近平总书记将“焦裕禄精神”概括为“亲民爱民、艰苦奋斗、科学求实、迎难而上、无私奉献”。结合课文中所写的焦裕禄的相关事迹，具体分析“焦裕禄精神”的内涵及现实意义。

知识链接

革命进程中的红色文化

1.什么是红色文化?

红色文化是指中国共产党领导下的中国革命和建设过程中形成的革命理论、革命经验和革命精神凝结而成的革命传统。红色文化是我们党革命历史、崇高精神和优良传统的积淀和凝聚，是我们党最可宝贵的精神财富。在革命战争年代和社会主义建设时期，我们党领导人民浴血奋战，跨越一个又一个历史雄关，不断从胜利走向新的胜利，留下了一座座精神文化的丰碑。红色文化是中国共产党领导中国人民在长期的革命和建设中积淀起来的一种特殊的文化类型，蕴含着丰富的革命精神和厚重的历史文化内涵。

红色文化的实质内涵包括精神文化和物质文化两方面。精神文化包括：①战争年代形成的革命传统，如井冈山精神、苏区精神、长征精神、延安精神、西柏坡精神等，②在中国社会主义建设中的优良政治文化，如雷锋精神、粉碎“四人帮”的斗争过程和取得的胜利等；③反映战争和革命题材的影视作品、文学作品、歌曲和革命历史领袖人物的传记、诗词、革命回忆录等。物质文化包括：反映革命史实的遗址、实物、纪念品、纪念地以及博物馆、纪念馆、烈士陵园等。

2.红色精神

红色革命精神有老区精神、遵义会议精神、西柏坡精神、沂蒙精神、吕梁精神、长征精神、抗战精神、大别山精神、苏区精神、红船精神、延安精神和井冈山精神等。

3.历史从哪里开始，精神就从哪里产生

习近平总书记指出：“人无精神则不立，国无精神则不强。精神是一个民族赖以长久生存的灵魂，唯有精神上达到一定的高度，这个民族才能在历史的洪流中屹立不倒、奋勇向前。”伟大革命实践产生伟大革命精神，伟大革命精神凝成红色基因。中国共产党起步于红船，浴血革命根据地，征战漫漫长征路，在延安奋起，在西柏坡擘画新中国蓝图，在香山吹响“打过长江去，解放全中国”号角。中国共产党人在革命中形成了伟大红船精神、井冈山精神、长征精神、延安精神、西柏坡精神、香山精神等红色精神。红色源于革命，源于共产党人的理想信念、红色激励着党和人民奋勇前进、革命到底。红色，是中国的颜色，象征着革命与胜利。信念如磐，一脉相承，“让信仰之火熊熊不息，让红色基因融入血脉，让红色精神激发力量。”

4.红色文化，革命地标——山东

济南市：济南战役纪念馆、济南革命烈士陵园、济南解放纪念馆、英雄山烈士陵园、胶济铁路博物馆、济南二机床博物馆、章丘区三涧溪村乡村振兴展览馆、章丘区第一支抗日武装纪念馆、中共山东省委秘书处旧址、中共济南乡师支部诞生地、中共济南市委重建纪念地、泺口九烈士纪念碑、济南市市委重建地陈列馆、莱芜战役纪念馆、莱芜战役指挥所旧址、山东小三线纪念馆、大峰山革命根据地、中共济南市委书记张北华居住旧址、济南战役指挥所旧址、济南战役山东兵团指挥所纪念地、汪洋台、莱芜房干精神展览馆、济阳第一党支部党史纪念馆、吐丝口战役纪念碑、中共山东省工委旧址党性教育基地、莱东抗日战争纪念馆、莱芜709文化产业园。

泰安市：新泰市龙廷红色研学基地、徂徕山抗日武装起义旧址、肥城市陆房红色研学基地、新泰龙廷革命史纪念馆、徂徕山抗日武装起义磨山峪旧址、山东省委旧址暨八路军山东抗日游击第四支队司令部旧址、东疏华东野战军司令部旧址。

淄博市：淄博革命烈士陵园、焦裕禄纪念馆、六一八战备电台旧址旅游区、山东原山艰苦创业教育基地、山东人民兵工历史博物馆、临淄第一个党支部纪念馆、马鞍山抗日遗址、罗圈八路军医院旧址、望鲁山战斗遗址。

枣庄市：铁道游击队景区、台儿庄大战旧址、台儿庄大战纪念馆、铁道游击队纪念园、八路军抱犊崮抗日纪念园、青檀精神教育馆、李宗仁史料馆。

东营市：中共刘集支部旧址、东营区史口镇三里庄红色研学基地、东营区红色刘营记忆馆、渤海垦区革命纪念馆、广饶县红色刘集教育基地、利津县“英雄北张”红色爱国主义教育基地、黄河口知青小镇、渤海区抗战烈士祠、东营市历史博物馆。

烟台市：胶东红色文化陈列馆、牟平区杨子荣纪念馆、海阳市地雷战纪念馆、海阳市许世友在胶东纪念馆、栖霞市胶东抗大精神教育基地、龙口市下丁家艰苦奋斗精神党性教育基地、磁山爱国主义教育展览馆、胶东艾崮山抗日革命根据地纪念馆、天崮山旅游风景区、八路军胶东军区机关旧址、烟台博物馆、胶东革命纪念馆、雷神庙战斗遗址、艾山八路兵器厂旧址（艾山国家森林公园）、栖霞国共谈判旧址、后寨胶东第一兵工厂旧址、郑耀南故居、许世友胶东抗战指挥所旧址、赵疃地雷战遗址、烟台西炮台、烟台东炮台。

威海市：刘公岛甲午战争纪念地、中国甲午战争博物院、郭永怀事迹陈列馆和故居、谷牧旧居、荣成市龙山革命纪念馆、乳山市马石山红色研学基地、天福山革命旧址、昆嵛山革命纪念馆、文登红色胶东馆、胶东育儿所纪念馆、龙山红色基因纪念馆、“一一·四”暴动旧址（昆嵛山风景区）、中共胶东特委旧址、胶东特委诞生地旧址、冯德英故居、“三花”文博馆、中共荣成县委成立旧址。

青岛市：青岛市博物馆、中共青岛党史纪念馆、青岛纺织博物馆、青岛古镇口国防教育基地、胶州市艾山红色记忆馆、西海岸新区杨家山里红色研学基地、莱西市萌山红色研学基地、莱西市河崖红色文化研学基地、平度市刘谦初红色文化园、平度市大泽山抗日战争纪念馆、平度市东北山红色旅游区、胶北革命历史纪念馆、高凤翰纪念馆、解文卿烈士纪念馆、前保驾山党支部旧址纪念馆、淯田阻击战纪念馆、青岛山炮台教育基地、青岛中国海军博物馆、胶东行政公署旧址、中共即墨县委成立会议旧址、青岛山一战遗址公园、青岛德国总督楼旧址博物馆、李慰农公园、周浩然烈士纪念馆、即墨市革命烈士纪念馆、高家民兵联防遗址、萌山区殉国烈士纪念塔、中共罗头村党支部旧址、中共青岛工委旧址。

潍坊市：诸城市王尽美党性教育基地、乐道院·潍县集中营博物馆、寿光市陈少敏纪念馆、寿光市巨淀湖红色研学基地、寿光市三元朱村红色研学基地、昌邑市龙池镇渤海走廊革命斗争陈列馆、红高粱抗战纪念馆、中共临朐县委旧址、临朐县淌水崖水库纪念馆、潍坊滨海经济技术开发区大家洼红色革命研学基地、青州市益都赤涧支前粮站纪念馆、高奋故居党史纪念馆、黄石板坡战斗纪念地。

济宁市：王杰纪念馆 、邹城市城前镇（尼山）红色研学基地、微山岛铁道游击队纪念园、羊山古镇军事旅游区、牛运震事迹展览中心、兖州区烈士陵园、兖州战役纪念馆、鲍楼红色教育基地、独山抗日歼灭战遗址、济宁毛泽东思想胜利万岁展览馆、微山铁道游击队队部旧址、微山湖英烈纪念园。

日照市：日照市抗日战争纪念馆、日照市莒县本色老党员红色群落展览馆、横山岁月展厅、安东卫保卫战遗址公园、甲子山战役纪念馆、五莲党史馆、鲁东南特委和北海银行革命旧址、莒县本色老党员红色群落展览馆、莒县小店镇横山岁月展厅、莒县抗战展览馆。

临沂市：新四军军部暨华东军区华东野战军诞生地旧址、蒙阴岱崮红色研学基地、孟良崮战役遗址、山东省政府和八路军115师司令部旧址、沂水县沂蒙红色根据地、平邑县九间棚红色研学基地、沂蒙红嫂祖秀莲纪念馆、沂蒙红色影视基地、临沂支前红嫂文化博物馆、华东野战军纪念馆暨新四军军部旧址纪念馆、沂南县党性教育基地、费县大青山胜利突围纪念馆、临沂大青山突围战遗址、临沭县朱村红色文化旅游区、兰陵县代村红色研学基地、临沂六姐妹红色旅游区、沂蒙红嫂纪念馆、沂蒙山小调活态博物馆、临沭滨海革命烈士陵园、山东抗日民主政权创建纪念馆、沂蒙革命纪念馆、华东革命烈士陵园、刘少奇在山东纪念馆、山东分局党校旧址、中共中央山东分局旧址、常山庄山东省青代会会址（沂蒙红嫂故里景区）、山东省战时工作委员会旧址、山东省政府旧址。

德州市：冀鲁边区革命纪念园、齐河县时传祥纪念馆、德州普利森机床博物馆、乐陵市冀鲁边区革命纪念园、禹城市革命纪念馆、宁津县崔杨抗日战争纪念馆、齐禹抗战纪念馆、宁津烈士祠、冀鲁边区军政干部训练学校旧址、冀鲁边区抗战遗址、宁津崔杨抗日战争纪念馆、大孙千人坑遗址。

聊城市：孔繁森同志纪念馆、东昌府区范筑先烈士纪念馆、阳谷县刘邓大军强渡黄河战役纪念园、阳谷县鲁西第一个党支部纪念馆、莘县山东省委重建纪念馆、莘县中共冀鲁豫（平原）分局旧址、莘县中共冀南区党委旧址、中共冠县鲁西北地委旧址、中国运河文化博物馆、清平星火红色教育基地、阳谷县景阳冈钢铁十姊妹精神传承展馆、张自忠故居、冀南军区第七分区清平情报站旧址。

滨州市：博兴县高家渡革命历史纪念馆、渤海革命老区纪念园、邹平市大马峪红色研学基地、邹平市焦桥邹长中心县委成立纪念馆、博兴县高家渡革命历史纪念馆、渤海革命老区机关旧址、怀周祠。

菏泽市：冀鲁豫边区革命纪念馆、曹县红三村抗日联防遗址、单县新时代文明实践中心红色湖西教育基地、单县湖西小延安张寨红色旅游基地、鲁西南战役指挥部旧址纪念馆、郓城传递红色文化博物馆、鄄城县董口镇军屯马本斋纪念馆、赵登禹纪念馆、湖西革命历史纪念馆、菏泽市烈士陵园、湖西革命烈士陵园、鲁西南烈士陵园。

综合实践活动

筑牢红色信仰　赓续精神血脉

以史为鉴，方能行稳致远。如今的我们生逢盛世，享受着革命先辈留给我们的美好与和平。但是历史永远不能抹去，曾记否“其作始也简，其将毕也巨”的千钧重量；曾记否“不忘初心”的铿锵誓词；曾记否那段矢志不渝的中国梦。新时代的中国青年，既拥有广阔发展空间，也承载着伟大时代赋予的历史使命。开展“筑牢红色信仰，赓续精神血脉”语文综合实践，完成以下任务。

一　讲好党的故事

习近平总书记强调：“要讲好党的故事、革命的故事、根据地的故事、英雄和烈士的故事，加强革命传统教育、爱国主义教育、青少年思想道德教育，把红色基因传承好，确保红色江山永不变色。”一百多年来，中国共产党从小到大、由弱到强，一路艰辛、一路奋斗，在中华民族的历史上谱写了前所未有的辉煌篇章，在人类发展史上创造了世所罕见的伟大奇迹。在我们党的发展历程中，有无数感天动地的红色故事，正是这一个个生动精彩的故事，构成了一部波澜壮阔、气壮山河的党的史诗。

以小组为单位，通过多种途径搜集展现党的初心使命、优良作风、奋斗精神的故事，分类整理，形成班级共享的资料库。

二　追寻红色足迹

中华民族是崇尚英雄、英雄辈出的民族，一切民族英雄，都是中华民族的脊梁。近代以来，一代代英雄儿女为民族复兴、国家富强奋勇抗争，抛头颅洒热血，他们的事迹和精神都是激励我们奋进的强大力量！

追寻他们的足迹，感受红色情怀。形式可以是走访革命后代、看红色电影、参观红色文化场所等。

三　举办“筑牢红色信仰，赓续精神血脉”主题交流会

红色基因镌刻在红色印记中，沉淀在红色故事里。我国革命博物馆、纪念馆、党史馆、烈士陵园等红色资源星罗棋布，保存着许多珍贵文物、遗址、遗迹。每一件革命文物、每一个红色故事，都是理想信念的生动教材。传承红色基因，要用心用情用力保护好、管理好、运用好宝贵的红色资源，把红色资源中蕴含的精神价值展现出来。青少年要不断从党的奋斗历程中汲取智慧和力量，在红色历史学习中树立正确世界观、人生观、价值观。我们更要把党的宝贵经验传承好、发扬好，让革命传统和优良作风薪火相传，凝聚起奋进新征程的磅礴力量，努力创造无愧于新时代的新业绩。

以班级为单位，举办“筑牢红色信仰，赓续精神血脉”主题交流会，联系自身实际，与同学交流如何在党的奋斗历程中汲取智慧和力量，实现自己的青春理想。